GOLDMANN
Lesen erleben

Buch

Endlich: Das erste Service-Buch mit den wichtigsten Informationen rund um Schwangerschaft und das erste Jahr mit dem Baby. Hier finden werdende und frisch gebackene Eltern alles, was sie wissen müssen. Seien es Checklisten für die To-dos vor und nach der Geburt, Infos zum passenden Kinderwagen, Behördengänge aller Art (von Mutterschutz über Elternzeit bis Kindergeld) oder die besten Apps, Websites und Bücher – die beiden jungen Mütter Anne Nina Simoens und Anja Pallasch versammeln in diesem einzigartigen Nachschlagewerk alles, was sie selbst gern früher gewusst hätten.

Mit diesem Buch sparen Sie sich lange, mühsame Recherchen und erhalten auf einen Blick die Informationen und wertvollen Tipps, die Sie sich sonst mühsam zusammensuchen müssten. Der unverzichtbare Helfer im Babyhaushalt!

Autorinnen

Anne Nina Simoens, geboren 1971, ist Verlagsjustiziarin und lebt mit ihrem Mann und Sohn in München. Nach dessen Geburt schaffte sie es noch, ihn – wie von der Krankenkasse verlangt – seine Versichertenkarte selbst unterschreiben zu lassen, wurde dann aber fast von Behördendschungel und biometrischen Baby-Passfotos zur Verzweiflung getrieben.

Anja Pallasch, geboren 1973, studierte in Canterbury und Boston Filmwissenschaften, Politologie und TV-Management. Heute arbeitet sie als Filmeinkäuferin und sorgt unter anderem für Nachschub an Familien- und Kinder-DVDs. Sie lebt mit ihrem Mann in München und bewahrt auch dann noch stoische Ruhe, wenn ihre Zwillingsmädchen Jagd auf Mops Otto machen oder dessen Trockenfutter testen wollen.

ANNE NINA SIMOENS & ANJA PALLASCH

BABYPEDIA

Optimal informieren und Zeit sparen

Elternzeit – Anträge – Finanzen –
Ausstattung – Entbindung – Rechtsfragen

GOLDMANN

FSC
www.fsc.org
MIX
Papier aus verantwortungsvollen Quellen
FSC® C014496

Verlagsgruppe Random House FSC® N001967
Das für dieses Buch verwendete FSC®-zertifizierte Papier
Classic 95 liefert Stora Enso, Finnland.

Dieses Buch ist auch als E-Book erhältlich

1. Auflage
Originalausgabe Juli 2013
Wilhelm Goldmann Verlag, München,
in der Verlagsgruppe Random House GmbH

Umschlaggestaltung: Uno Werbeagentur, München
Umschlagmotiv: FinePic, München
Redaktion: Antonia Meisner
Icons: Ingrid Schobel, München
Satz: Barbara Rabus
Druck und Bindung: GGP Media GmbH, Pößneck
KW · Herstellung: IH
Printed in Germany
ISBN 978-3-442-17388-4
www.goldmann-verlag.de

Besuchen Sie den Goldmann Verlag im Netz

Inhalt

Vorwort

Liebe Mütter und Väter und alle, die es bald werden,

mit diesem Buch wollen wir Ihnen helfen Zeit zu sparen!

Die Idee dazu kam uns, als wir mal wieder mit Derrick-würdigen Augenringen im Internet hingen, um rauszufinden, mit welchem Dokument ein Baby in die USA einreisen darf, wo man eigentlich biometrische Passfotos für Säuglinge machen lässt oder wer das leichteste Reisebett herstellt. Und was eigentlich die Folge einer Vaterschaftsanerkennung ist. Die Idee tauchte wieder auf, als nach 15 Minuten Warteschleife endlich der Herr vom Arbeitsamt in der Leitung war, den wir fragen wollten, was man bei einem verspäteten Antrag auf Kindergeld macht – und dann das Baby auf dem Arm so laut rülpste, dass man seine Antwort leider nicht verstand ...

Wir wollten also ein Buch, das mal kein Erziehungsratgeber ist, sondern einfach die nützlichsten Tipps und Infos bündelt, die man zu allen Organisations-, Rechts- und praktischen Fragen in der Schwangerschaft und dem ersten Jahr mit dem Baby braucht. Also haben wir alles gesammelt, was man sonst nur mit langen Recherchen findet oder eher zufällig von befreundeten Eltern erfährt. An vielen Stellen kommen deshalb auch persönliche Empfehlungen vor, weil die sich in der Praxis bewährt haben, Zeit sparen oder einfach Tipps sind, die wir selbst gern von jemandem bekommen hätten.

Wir finden nämlich, dass freie Zeit (zum Beispiel, wenn das Baby endlich eingeschlafen ist) zu schade ist, um sie mit der Suche nach Informationen zu vergeuden. Und hoffen in diesem Sinne, Ihnen mit unserer Vor-Recherche im Babyalltag ein bisschen mehr Zeit für sich selbst zu ermöglichen – zum Schlafen, Lesen, Durchatmen, Baden, Sonnen, Mal-wieder-mit-zwei-Händen-Essen und vielem mehr.

Ganz herzlich,

Anja Pallasch & Anne Nina Simoens

Checkliste: Alle To-dos auf einen Blick

In der Schwangerschaft

Was	Wann/weshalb	Wo	Notwendige Unterlagen/ Formulare	Erledigt am
Mutterpass ausstellen lassen	Wird nach Feststellung der Schwangerschaft ausgestellt. Dort werden im Laufe der Schwangerschaft die wichtigsten medizinischen Daten eingetragen.	Beim Gynäkologen		
Mitteilung der Schwangerschaft an den Arbeitgeber	Möglichst bald, eine bestimmte Frist gibt es nicht. Jedoch greifen erst mit Bekanntgabe der Schwangerschaft die Schutzbestimmungen des Mutterschutzgesetzes.	Mündliche oder schriftliche Mitteilung an den Arbeitgeber	Falls die Information dem Arbeitgeber nicht reicht: Kopie aus dem Mutterpass bzw. eine Bescheinigung des Arztes/der Hebamme.	
Gehaltsnachweise (bei Angestelltentätigkeit)	Zur Beantragung des Elterngeldes müssen Arbeitnehmerinnen die Gehaltsnachweise der letzten zwölf Monate vor der Geburt vorlegen (wer nebenbei noch selbstständig ist, eventuell sogar für den Zeitraum des Kalenderjahres vor der Geburt). Wer die Gehaltsnachweise zum Beispiel nur elektronisch erhält: Bereits jetzt daran denken, alle für später verfügbar zu halten.			

Was	Wann/weshalb	Wo	Notwendige Unterlagen/ Formulare	Erledigt am
Rücksprache mit der Krankenkasse	Zur Klärung, wie die Krankenversicherungs-Situation nach Ende der Mutterschutzfrist aussieht. (➛ »Krankenversicherung für Eltern und Kind«, S. 95)			
Krankenversicherungs-Check	Um zu klären, welche Leistungen die Krankenversicherung rund um die Schwangerschaft, Geburt und Nachsorge übernimmt. Eventuell private Zusatzversicherung, zum Beispiel für Krankenhausaufenthalt, abschließen (Achtung, Wartefristen beachten!).			
Mutterschaftsgeld beantragen (➛ »Mutterschaftsgeld«, S. 66)	Frühestens sieben Wochen vor dem voraussichtlichen Geburtstermin möglich. Anhand dieses Termins errechnet die Krankenkasse für die Mutterschutzfrist vor der Geburt das Mutterschaftsgeld und zahlt es aus.	Bei der Krankenkasse, bzw. für Privat- oder Familienversicherte beim Bundesversicherungsamt	Für den Bezugszeitraum **vor** der Geburt: Bescheinigung des Arztes oder der Hebamme über den voraussichtlichen Geburtstermin. Für den Bezugszeitraum **nach** der Geburt ist die Geburtsurkunde des Kindes nachzureichen.	

Was sonst noch hilfreich sein könnte

Was	Wann, weshalb und wo	Erledigt am
Vollmacht für den Antrag auf Erteilung der Geburtsurkunde	Falls die Anmeldung des Kindes nicht in der Klinik erfolgen kann, sondern ein Partner zum Standesamt gehen muss, brauchen nicht verheiratete Väter eine Vollmacht der Mutter. Praktisch: Die Vollmacht schon vor der Geburt ausstellen.	
Wie wird das Kind krankenversichert? (→ »Krankenversicherung für Eltern und Kind«, S. 95)	Informationen beim in Frage kommenden Krankenversicherer einholen und gegebenenfalls bereits ein Anmeldeformular für das Kind zuschicken lassen.	
Rentenversicherung (→ »Elternzeit«, S. 42)	Wer nicht in die gesetzliche Rentenversicherung zahlt: Überlegen, wie Rentenbeiträge während des Mutterschutzes/der Elternzeit geleistet werden.	
Vaterschaftsanerkennung beurkunden lassen (betrifft nur nicht miteinander verheiratete Eltern) (→ »Vaterschaftsanerkennung«, S. 51)	Wird die Vaterschaft noch vor der Geburt anerkannt, kann der Vater gleich von Anfang an in der Geburtsurkunde eingetragen werden. Auch das gemeinsame Sorgerecht könnte dann bereits vor der Geburt erklärt werden.	Ø
Erklärung über das gemeinsame Sorgerecht abgeben (betrifft nur nicht miteinander verheiratete Eltern) (→ »Erklärung über das gemeinsame Sorgerecht«, S. 55)	Die Sorgeerklärung kann jederzeit abgegeben werden, auch schon vor der Geburt. Sie muss öffentlich beurkundet werden, was beim Jugendamt oder Notar (kostenpflichtig) erfolgen kann.	Ø

Was	Wann, weshalb und wo	Erledigt am
Einkünfte neben dem Elterngeld	Erwartet man während des Elterngeldbezugs weitere Einkünfte (wie anteilige Tantiemen, Weihnachts-/Urlaubsgelder oder sonstige Einnahmen), werden diese unter Umständen auf das Elterngeld angerechnet. Tipp: Rechtzeitig bei der zuständigen Elterngeldstelle erkundigen, ob diese Gelder angerechnet werden oder es etwas ändern würde, falls man sie zum Beispiel erst im Anschluss an das Elterngeld ausgezahlt bekäme.	
Geburtsklinik suchen (➛ »Die Geburt: Klinik, Geburtshaus oder zu Hause?«, S. 120)	Uni Klinik	
Hebamme suchen (➛ »Die Hebamme«, S. 114)	Fr. Schöne-Heuser	
Krippenplatz suchen (➛ »Baby wird betreut«, S. 241f.)	nach der Geburt	
Mit dem Arbeitgeber über den Wiedereinstieg sprechen		
Entscheiden, ob man das Nabelschnurblut eventuell spenden oder einfrieren lassen will (➛ »Nabelschnurblut: Spenden oder einfrieren?«, S. 131)		

Nach der Geburt

Was	Wann	Wo	Notwendige Unterlagen/Formulare	Erledigt am
Anmeldung des Kindes und Beantragung der Geburtsurkunde	Die Anmeldung muss innerhalb von sieben Tagen nach der Geburt erfolgen. Zuständig ist das Standesamt des Ortes, in dem das Kind geboren ist. Das Standesamt stellt die Geburtsurkunde aus sowie automatisch die benötigten Durchschriften für: • Antrag auf Kindergeld • Antrag auf Elterngeld • Antrag auf Mutterschaftsgeld für die Zeit des Mutterschutzes nach der Geburt	Bei dem Standesamt, in dessen Zuständigkeitsbereich das Kind geboren wurde. Teilweise übermitteln die Geburtskliniken die Geburtsdaten direkt an das Standesamt. Die Geburtsurkunde bekommt man per Post oder muss sie persönlich beim Standesamt abholen.	• Geburtsbescheinigung der Klinik (Bei Hausgeburten wird diese von der Hebamme ausgestellt.) • Heiratsurkunde beziehungsweise bei Ledigen deren eigene Geburtsurkunden • Personalausweis der Mutter und des Vaters • Unverheiratete Väter müssen zur Anmeldung eine Vollmacht der Mutter mitbringen und müssen zusätzlich die Vaterschaftsanerkennung vorlegen. (Ansonsten werden sie nicht in der Geburtsurkunde eingetragen.)	
Mutterschaftsgeld für die Zeit des Mutterschutzes nach der Geburt (acht beziehungsweise zwölf Wochen) beantragen	Nach der Geburt	Bei der Krankenkasse, beziehungsweise für Privat-/Familienversicherte beim Bundesversicherungsamt	Die speziell dafür mit dem Vermerk »Mutterschaftshilfe« ausgestellte Geburtsurkunde	

Was	Wann	Wo	Notwendige Unterlagen/Formulare	Erledigt am
Krankenversicherung für das Baby abschließen (➛ »Krankenversicherung für Eltern und Kind«, S. 95)	So bald wie möglich nach der Geburt beantragen	Bei der gewünschten Krankenversicherung	Meist genügt ein Anruf bei der Krankenkasse. Sie schickt dann ein Formular/Antrag, das man mit einer Kopie der Geburtsurkunde des Kindes einreicht.	
Krankenversicherungssituation des betreuenden Elternteils für die Elternzeit klären	Möglichst frühzeitig, da die Krankenversicherung je nach Situation eventuell selbst bezahlt werden muss (➛ »Elternzeit«, S. 42)	Bei der Krankenkasse	In der Regel verlangen die Krankenkassen eine Mitteilung über die Dauer der geplanten Elternzeit sowie eine entsprechende Bescheinigung des Arbeitgebers.	
Arbeitgeber über die Geburt des Kindes informieren	Möglichst bald, damit der Arbeitgeber die Mutterschutzfrist nach der Geburt berechnen kann. Das ist zum Beispiel wichtig für die Zahlung des Arbeitgeberanteils zum Mutterschaftsgeld für diesen Zeitraum.		In der Regel genügt eine Kopie der Geburtsurkunde, manche Arbeitgeber verlangen die Vorlage des Originals.	
Kind in die elektronische Lohnsteuerkarte eintragen lassen (➛ »Steuer-Themen«, S. 105)	Möglichst bald, um Freibeträge geltend zu machen	Beim Finanzamt	Personalausweis, Geburtsurkunde	

Was	Wann	Wo	Notwendige Unterlagen/Formulare	Erledigt am
Kindergeld beantragen (➛ »Eltern-, Kinder- und alle anderen Gelder beantragen«, S. 81)	Nach der Geburt. Rückwirkend bis zu vier Jahre lang möglich	Bei der jeweils zuständigen Familienkasse der Bundesagentur für Arbeit	Antragsformular und die Geburtsurkunde oder Geburtsbescheinigung mit dem Verwendungszweck »Kindergeld«	
Elternzeit anmelden (➛ »Elternzeit«, S. 42)	Spätestens sieben Wochen vor dem geplanten Beginn der Elternzeit	Schriftlich beim Arbeitgeber		
Elterngeld beantragen (➛ »Eltern-, Kinder- und alle anderen Gelder beantragen«, S. 72)	Nach der Geburt, da die Geburtsurkunde benötigt wird. Und möglichst bald, da rückwirkend nur für die letzten drei Monate vor Beginn des Antragsmonats gezahlt wird.	Bei der zuständigen Elterngeldstelle		
Ggf. Landeserziehungsgeld beantragen (nur in Sachsen, Thüringen, Bayern und eventuell Baden-Württemberg möglich) (➛ »Landeserziehungsgeld«, S. 84)	Je nach Bundesland unterschiedlich. (➛ »Eltern-, Kinder- und alle anderen Gelder beantragen«, S. 85)	Je nach Bundesland unterschiedlich	Je nach Bundesland unterschiedlich	

Was	Wann	Wo	Notwendige Unterlagen/Formulare	Erledigt am
Eventuell Steuerklasse wechseln	Für verheiratete Eltern, die während der Schwangerschaft die Steuerklasse gewechselt haben, ist es nun eventuell günstiger, wieder zurückzuwechseln. Dann nimmt derjenige, der als Erster wieder arbeitet, die günstigere Klasse.	Beim zuständigen Finanzamt		
Eventuell Versicherungen prüfen (➛ Kapitel: Versicherungen: Genug oder mehr?, S. 100)				

Bevor das Baby kommt

Schwanger und gut gekleidet

Das Angebot an schöner Schwangerschaftsmode ist groß, und viele der bekannten Textilketten bieten sogar eigene Modelinien für Schwangere an. Wirklich benötigt wird spezielle Umstandsmode meist erst ab dem vierten oder fünften Monat. Bis dahin kann man zum Beispiel günstige Basics einige Nummern größer als sonst kaufen, den Zentimeter zwischen Hosenknopf und Knopfloch mit einem Haargummi überbrücken oder die weiter geschnittenen Oberteile aus dem Schrank holen. Praktisch ist es, sich nur nach und nach neue Kleidungsstücke zuzulegen, dann weiß man, was man wirklich trägt und welche Schnitte einem angenehm sind. Lassen sich die neuen Stücke gut mit der bestehenden Garderobe kombinieren, kann der Büro-Blazer mit einer dazu passenden Schwangerschaftshose weiter getragen werden und so fort.

Tipps für die Garderobe

- **T-Shirts:** Gut, da man sie sehr lange tragen kann und sie nicht allzu teuer sind. Nach langen Modellen suchen.
- **Hosen:** Mit einem Bauchband oder einem breiten Tuch zur Abdeckung der Lücke zwischen Top und Hosenbund lassen

> **Unser Tipp** Oft lohnt sich ein Blick in den Männer-Kleiderschrank: Gut kombiniert lässt sich so manches Hemd, Strickjacke, T-Shirt oder Gürtel des Partners bequem tragen.

sich die Hosen noch lange tragen. Später sind Umstandshosen praktisch, da sie aus Stretch-Stoff sind, einen dehnbaren Bund und meist ein elastisches Überbauchband haben. Alternativ kann man einige Nummern größere Hüfthosen nehmen, deren Bund unter dem Bauch sitzt.

- **Strickjacken** kaschieren und sehen auch offen getragen gut aus.
- Wenn die **Gürtel** zu kurz werden: Stattdessen Tücher oder dünne Schals verwenden. Oft wird man bei den Gürteln in der Herrenabteilung von H&M, Zara und so weiter fündig.
- **Accessoires** einsetzen: Schals, Schmuck, Tücher, Schuhe, Taschen und Ähnliches geben preiswerten Schwangerschaftsbasics gleich einen hochwertigeren Look.
- **Im Winter:** Es gibt spezielle Mäntel mit einem Einsatz, der Raum für den Bauch schafft. Alternativ mehrere Schichten übereinander anziehen.
- Wer gegen Ende der Schwangerschaft nochmal größere **BHs** kaufen muss, kann budgetschonend gleich Still-BHs nehmen.
- Figurformende **Unterwäsche** gibt es auch für Schwangere.

BUCH

Bump it Up: Transform your pregnancy into the ultimate style statement. Amy Tara Koch, Ballantine Books, 2010. Nur auf Englisch erhältlich, mehr Text als Bilder und sehr New-York-Fashion-Queen-mäßig – trotzdem unterhaltsam und mit brauchbaren Tipps.

INTERNET

www.eltern.de Die *Eltern*-Webseite stellt immer wieder Schwangerschaftskleidung für alle Anlässe vor, von Sport über Business zu Hochzeit, schönen Dessous und so weiter (➛ »Schwangerschaft«, S. 282f.)

www.umstandsmode.de In der Rubrik »Styleguide für Schwangere« gibt das Team des Schwangerschafts-Fashionlabels »Paulina« werdenden Müttern praktische Mode-Tipps.

ONLINESHOPS

www.mamarella.com Großes Fashion-Angebot für Schwangere, darunter sehr viele Abend- und Brautkleider.

www.bellybutton.de Das Label der Gründerinnen Dana Schweiger und Ursula Karven bietet auf seiner Webseite neben einem

> Unser Tipp Sehr gute Inspirationen und Kombinationsvorschläge für ungewöhnlichen und schicken pregnantstyle findet man im Internet auf Blogs (zum Beispiel www.hauptstadtmutti.de oder 50er Jahre Style bei http://freelancersfashion.blogspot.fi/search/label/maternity), bei www.Pinterest.com (zum Beispiel bei der Pinnerin »Babybirds by Anne«) oder auch bei der Google-Bilder-Suche, wenn man Begriffe wie »pregnant in style« oder Ähnliches eingibt.

vielfältigen Sortiment an Umstandsmode auch eine sehr praktische Sortierung aller Kleidungsstücke nach Themen bzw. Looks.

www.umstandsmode.de Das Label »Paulina Umstandsmode« interpretiert aktuelle Trends aus den Modemetropolen für schwangere Frauen. Inklusive viel Kleidung fürs Büro und festliche Anlässe, für die Hochzeit und Dirndl-Kleidern für den Oktoberfestbesuch. Nicht ganz billig.

www.klapperstorchshop.de Mode für schwangere und stillende Frauen, inklusive Dessous und Bademoden oder Queen Mum Jeans.

www.4little.de »Umstandsmode mit Chic«. Darunter zum Beispiel viele Still-Tops, bei denen darauf geachtet wird, dass sie frei von Giftstoffen sind.

www.anita.com Die Kollektion Anita Maternity führt klassisch-schlichte Unterwäsche für Schwangerschaft und Stillzeit, inklusive Bademode.

www.hm.com Gute Basics für Schwangere zu guten Preisen, wenn auch nur in einem kleinen Sortiment.

www.otto.de Umstandsmode in großer Auswahl.

www.bodendirect.de Shop des britischen Labels mit einer eigenen Umstandsmoden-Kollektion.

www.spanx.com bietet unter »Mama SPANX« figurbetonende Strumpfhosen und »Superkräfte-Shorts« an, die während der Schwangerschaft mitwachsen.

Geburtsvorbereitungskurse, Yoga & Co.

Die Zeiten der »Hechelkurse« sind lange vorbei. Heute gibt es eine Vielzahl von Angeboten: von Geburtsvorbereitung über Säuglingspflege bis hin zu Sportangeboten. Jetzt muss man nur das Richtige für sich finden.

Kurse mit informativem Inhalt

Neben den klassischen Geburtsvorbereitungskursen gibt es noch andere Angebote, die für die werdende Mutter von Interesse sein könnten. Hier ein kurzer Überblick:

Geburtsvorbereitungskurse

In diesen Kursen geht es um das Basiswissen rund um den Schwangerschaftsverlauf, die Geburt und die Babypflege. Die meisten richten sich an die werdende Mutter, es gibt inzwischen eine Vielzahl an Kursen für das Elternpaar. Geburtsvorbereitungskurse werden als wöchentliche Gruppenkurse oder als Crashkurs am Wochenende angeboten. Leitet den Kurs eine Hebamme, bekommen gesetzlich Versicherte die Kosten von der Krankenkasse erstattet. Einige Krankenkassen übernehmen die Kosten für den Partner.

Säuglingspflegekurse

Hier lernt man den Umgang mit dem Neugeborenen mittels Theorie und praktischer Übungen. Neben Themen wie Wickeln, Erstausstattung und Baden gibt es auch zahlreiche Tipps zum Stillen und den ersten Wehwehchen.

Stillkurse

Hier wird über alle wichtigen Themen rund um das Stillen informiert: Warum Stillen gut für das Baby ist, welche Haltungen es gibt und was man bei Problemen tun kann. Auch die richtige Ernährung der Mutter wird thematisiert.

Tragekurse

Da es viele verschiedene Arten gibt, wie man das Baby am Körper tragen kann, sollen diese Kurse helfen, die richtige Wahl zu Tragehilfe beziehungsweise Tragetuch zu treffen. Man erhält Informationen zu den verschiedenen Tragehilfen und beschäftigt sich mit den zahlreichen Bindeweisen eines Tragetuches. Weitere Informationen zu Tragetüchern im Kapitel »Mit dem Baby unterwegs«, S. 205.

Erste-Hilfe-Kurse für Kinder

Diese Kurse liefern wichtige Informationen zu Erste-Hilfe-Maßnahmen bei Vergiftungen, Verbrennungen und Stichen.

Außerdem erfährt man, wie man sich bei Pseudokrupp-Anfällen oder beim Fieberkrampf verhält. Ein empfehlenswerter Kurs für alle werdenden Eltern. Es gibt auch Kursangebote, bei denen man das Baby oder Kind mitbringen kann.

> ***Wo werden diese Kurse angeboten?***
> Unter anderem in Hebammenpraxen, Kliniken, Zentren für Geburtsvorbereitung, Elternschulen und Familienbildungsstätten.

Kurse für Körper und Seele

Es gibt eine Vielzahl an Sport- und Wellnessangeboten für die werdende Mama. Die beiden gängigsten sind Yoga und Aqua-Gymnastik.

Yoga

Yoga ist eine Mischung aus Dehn-, Atem- und Mediationsübungen – nicht nur gut für den Körper, sondern sorgt auch für Ruhe und Ausgeglichenheit. Man sollte dem Lehrer auf jeden Fall vorher sagen, dass man schwanger ist oder nur Kurse speziell für Schwangere besuchen. Yogakurse für Schwangere werden unter anderem von Yoga Centern, Hebammenpraxen, Volkshochschulen oder Geburtskliniken angeboten.

Aqua-Gymnastik

Die Übungen für Schwangere im Wasser sind auf die Bedürfnisse der werdenden Mutter abgestimmt und trainieren wunderbar das Herzkreislaufsystem. Durch die Auftriebskraft des Wassers schont die Gymnastik die Gelenke, und das Gefühl der Leichtigkeit empfinden viele als sehr angenehm. Neben Fitnessclubs und Kliniken bieten auch öffentliche Badeanstalten Kurse an.

Es gibt zahlreiche weitere Angebote für Schwangere, wie zum Beispiel Pilates, Qigong oder Bauchtanz für Schwangere.

BÜCHER

Yoga für Schwangere. Benita Cantieni und Andrea Tresch, Südwest, 2011.

Yoga in der Schwangerschaft (mit DVD). Patricia Thielemann-Kapell, GU, 2011.

Yoga für eine entspannte Schwangerschaft. Ursula Mäder, Hildegard Pätzold, Nietsch, 2011.

Hebammenyoga (mit Audio CD). Brahmadew M. Anders-Hoeppgen, Systemed, 2011.

BabybauchFit. Lara Pizetti, Tappeiner, 2012.

Pilates für Schwangere. Jan Endacott, Karolin Martens, Claudia Schäfer, Urania, 2007.

Pilates in der Schwangerschaft. Ulrike Siebert, Meyer & Meyer Sport, 2006.

Tai Chi und Qi Gong in der Schwangerschaft. Barbara Reik, Mankau, 2012.

DVDs

Fit mit Babybauch. 5W Verlag, 2011.

MamaWorkout – Pilates für Schwangere. Peter Brose Media Marketing, 2012.

MamaWorkout – Fit in der Schwangerschaft. Peter Brose Media Marketing, 2010.

MamaWorkout – Yoga für Schwangere. Peter Brose Media Marketing, 2012.

Bewusste Geburtsvorbereitung – Qi Gong und Meditation in der Schwangerschaft. Aurum in J. Kamphausen Mediengruppe, 2009.

INTERNET

www.sportundschwangerschaft.de Informations- und Serviceportal rund um das Thema Schwangerschaft und Sport. Informationen zu den wichtigsten Fragen, sowie ein kostenloses Online-Coaching!

Unser Tipp Es gibt zahlreiche kurze, aber auch einige längere kostenlose Fitness-Videos für Schwangere im Internet (zum Beispiel bei **www.youtube.de**).

Im Urlaub und auf Reisen

Urlaub und Geschäftsreisen sind auch in der Schwangerschaft grundsätzlich ohne Weiteres möglich. Vorausgesetzt natürlich, der Gesundheitszustand erlaubt es. Auf jeden Fall sollte man vor der Reiseplanung mit dem Arzt über eventuelle Risiken im Hinblick auf die Schwangerschaft sprechen, zum Beispiel zum Thema Langstreckenflüge etc.

Tipps für das Unterwegssein

- **Mutterpass** immer mitnehmen.
- Reist man allein, dann **nur mit leichtem Gepäck**, da schweres Heben tabu ist.
- **Im Auto:** Der normale Dreipunktgurt bietet auch schwangeren Frauen und ihren Kindern einen guten Schutz. Der Beckengurt sollte dabei so tief wie möglich unterhalb des Bauches liegen und keinesfalls über den Bauch geführt werden. Es gibt spezielle Gurtführungssysteme für Schwangere, die dafür sorgen, dass der Beckengurt bei einem Aufprall in einer tieferen Position bleibt, um so die Fruchtblase möglichst wenig zu belasten (erhältlich im Baby-Fachhandel oder über Amazon, wie zum Beispiel das Modell »BeSafe Schwanger«).
- Generell sind werdende Mütter auf dem **Beifahrersitz** besser geschützt, da die Gefahr des Aufpralls auf das Lenkrad wegfällt. Wenn es geht, in den letzten Monaten wegen der eingeschränkten Bewegungsfreiheit und der schnelleren Ermüdung lieber chauffieren lassen, vor allem bei längeren Strecken.
- **Mit der Bahn:** Vorteil am Zugfahren ist es, dass man jederzeit aufstehen und sich bewegen kann (und ein WC ist auch immer in der Nähe). Tipp: Rechtzeitig einen Sitzplatz reservieren.
- **Flugreisen:** Bei der Airline erkundigen, wie lange Schwangere mitfliegen dürfen. Manche Fluggesellschaften verlangen ungefähr ab dem achten Monat eine ärztliche Bestätigung (zum Beispiel zur Flugtauglichkeit der Schwangeren, oder dass die Geburt noch nicht direkt bevorsteht), und spätestens ab der

36. Schwangerschaftswoche lehnen die meisten eine Mitnahme ab.

- Für mehr **Beinfreiheit** einen Sitzplatz am Gang oder in der ersten Reihe reservieren. Und zur Venenentlastung Stützstrümpfe tragen und öfter herumlaufen.
- Bei **Reisen in ferne Länder** rechtzeitig mit dem Arzt oder einem Tropeninstitut klären, ob dafür Impfungen erforderlich und diese in der Schwangerschaft möglich sind. Prüfen, ob vor Ort eine gute medizinische Versorgung gewährleistet ist. Und natürlich Länder mit hohem Krankheitsrisiko meiden.
- **Reiserücktrittversicherung** darauf prüfen, ob sie auch die Schwangerschaft abdeckt.

Babymoon

Immer mehr Frauen bzw. Eltern wollen vor der Geburt des Babys gern noch einmal verreisen und sich verwöhnen lassen. Viele Hotels haben sich diesem Wunsch nach einem »Babymoon« (in Anlehnung an den Honeymoon) in den letzten Jahren angepasst und bieten Massagen, Yogakurse, Ayurveda, schwereloses Floaten im Salzwasserbad oder Kosmetik-Behandlungen an, die speziell auf die Bedürfnisse von Schwangeren zugeschnitten sind. Denn nicht alle Anwendungen können bei Schwangeren wie gewohnt durchgeführt werden, so wird zum Beispiel eine Massage in Rückenlage gegen Ende der Schwangerschaft eher unentspannend, bestimmte Reflexzonenmassagen oder einige ätherische Öle sind zu meiden, um zum Beispiel keine vorzeitigen Wehen auszulösen.

Falls man also vor der Geburt noch einen Verwöhnurlaub planen will, kann man sich bei den Hotels oder Spas seiner Wahl nach entsprechenden Angeboten erkundigen. Beste Reisezeit ist das zweite Schwangerschaftsdrittel – dann sind anfängliche Beschwerden vorbei, der Bauch noch relativ klein und die Schwangerschaft stabil.

INTERNET

www.eltern.de Die *Eltern*-Webseite stellt laufend Hotels vor, die spezielle Wellnessprogramme für Schwangere anbieten (Suchbegriff »Wellness« eingeben).

www.newlifehotels.com Eine Kooperation österreichischer und deutscher Hotels, die sich mit gezielt zusammengestellten Angeboten an werdende Mütter, aber auch Väter, wendet.

www.baby-moon.eu Bietet weltweit Luxushotels an, die spezielle Arrangements für Schwangere zusammenstellen, darunter mehrere in Europa. Englischsprachige Webseite.

www.adac.de Der ADAC gibt viele Tipps für die Sicherheit von Schwangeren bei Autofahrten. Dies insbesondere in der Broschüre »Fahrzeuginsassen richtig sichern«, erhältlich als Download auf der Webseite (➛ Info, Test & Rat ➛ Ratgeber Verkehr ➛ Sicher unterwegs) oder bestellbar über ADAC e.V., Ressort Verkehr, Am Westpark 8, 81373 München, oder per E-Mail: verkehr.team@adac.de oder telefonisch unter 089/76766271.

Recht und Behörden

Mutterschutz

Der Mutterschutz – Was es ist und wen es betrifft

Gesetzliche Mutterschutzvorschriften sorgen dafür, dass (werdende) Mütter und ihre Kinder vor Gefährdungen, Gesundheitsschäden oder Überforderung am Arbeitsplatz geschützt werden, dass sie keine finanziellen Nachteile erleiden oder während der Schwangerschaft und einige Zeit nach der Geburt nicht befürchten müssen, ihren Arbeitsplatz zu verlieren.

Die meisten Regelungen hierzu enthält das Mutterschutzgesetz (MuSchG). Es gilt für alle (werdenden) Mütter, die in einem Arbeitsverhältnis stehen. Auch Teilzeitbeschäftigte, Hausangestellte, Heimarbeiterinnen und in der Regel geringfügig beschäftigte Frauen und Auszubildende zählen dazu.

Das Mutterschutzgesetz gilt hingegen nicht für Selbstständige, Hausfrauen oder Adoptivmütter. Für Beamtinnen und Soldatinnen finden sich besondere Regelungen im Beamtenrecht beziehungsweise der Mutterschutzverordnung für Soldatinnen.

Neben dem Mutterschutzgesetz gibt es noch weitere gesetzliche Bestimmungen, um gebärfähige Frauen, werdende und stillende Mütter vor Gefahren oder der Einwirkung vor gefährlichen Stoffen am Arbeitsplatz zu schützen. Entsprechende Regelungen enthalten zum Beispiel die Verordnung zum Schutze der Mütter am Arbeitsplatz (MuSchArbV), die Arbeitsstättenverordnung (ArbStättV), die Verordnung über den Schutz vor Schäden durch Röntgenstrahlen (RöV) oder das Fünfte Sozialgesetzbuch (SGB V).

Ab wann greifen die Schutzbestimmungen?

Die Mutterschutzbestimmungen gelten erst ab dem Moment, ab dem der Arbeitgeber über die Schwangerschaft unterrichtet wurde. Damit er sie einhalten kann, sollte man ihm die Schwangerschaft und den voraussichtlichen Entbindungstermin also am besten mitteilen, sobald einem diese Tatsachen bekannt sind. Eine bestimmte Frist dafür, bis wann die Mitteilung zu machen ist, gibt es jedoch nicht.

Verlangt der Arbeitgeber zusätzlich noch eine Bescheinigung von Arzt oder Hebamme, weil ihm die mündliche Mitteilung nicht ausreicht, so ist er verpflichtet, die Kosten dafür zu übernehmen. Die Information bezüglich der Schwangerschaft darf der Arbeitgeber im Übrigen nicht unbefugt an Dritte weitergeben.

Die wichtigsten Mutterschutzrechte

Schutz von Mutter und Kind am Arbeitsplatz

Allgemein hat der Arbeitgeber dafür zu sorgen, dass vom Arbeitsplatz, einschließlich dortiger Maschinen, Geräte und Werkzeuge, keine lebens- oder gesundheitsbedrohlichen Gefahren für die werdende oder stillende Mutter ausgehen. Auch muss er es ihnen ermöglichen, sich während der Pausen und, soweit erforderlich, auch während der Arbeitszeit unter geeigneten Bedingungen hinzulegen und sich auszuruhen.

Freistellung für Untersuchungen

Für Vorsorgeuntersuchungen hat der Arbeitgeber die werdende Mutter freizustellen, wenn diese nur während der Arbeitszeit möglich sind. Ein Verdienstausfall darf ihr dadurch nicht entstehen.

Beschäftigungsverbote und Mutterschutzlohn

Während der Schwangerschaft dürfen gewisse Arbeiten gar nicht mehr ausgeübt werden: zum Beispiel Akkordarbeit, Mehrarbeit oder Arbeiten, bei denen schwere Lasten gehoben werden oder viel gestanden werden muss oder bei denen die werdende Mutter gesundheitsgefährdenden Stoffen, Staub, Strahlen, Gasen, Dämpfen, Hitze, Kälte, Nässe, Lärm oder Erschütterungen ausgesetzt ist. Auch nachts (zwischen 20 und 6 Uhr) oder an Sonn- und Feiertagen dürfen werdende und stillende Mütter nicht beschäftigt werden, wobei Ausnahmen für gewisse Bereiche wie zum Beispiel Krankenhäuser oder das Hotel-/Gaststättengewerbe erlaubt sind.

Neben diesen allgemeinen Beschäftigungsverboten gibt es noch sogenannte individuelle Beschäftigungsverbote für den Einzelfall. Zum Beispiel dann, wenn die Fortdauer der Beschäftigung nach ärztlichem Zeugnis das Leben der Mutter oder des Kindes gefährden würde. Ein teilweises Beschäftigungsverbot kann unter Umständen auch nach der Geburt gelten, wenn die Mutter noch nicht wieder voll leistungsfähig ist.

Wenn eine Frau wegen eines allgemeinen oder individuellen Beschäftigungsverbots ihre Tätigkeit ganz oder teilweise aussetzt, so hat sie keine finanziellen Einbußen zu befürchten. Der Arbeitgeber hat in diesen Fällen den sogenannten Mutterschutzlohn zu zahlen. Dieser ist steuer- und beitragspflichtig und entspricht mindestens dem Durchschnittsverdienst der letzten drei Monate vor Beginn der Schwangerschaft.

Schutzfristen vor und nach der Entbindung

Spezielle Schutzfristen gelten für die (werdende) Mutter direkt vor und nach der Geburt.

Die Schutzfrist beginnt sechs Wochen vor der Entbindung. In dieser Zeit darf die werdende Mutter nicht beschäftigt werden, es sei denn, sie erklärt sich ausdrücklich bereit dazu. Diese Erklärung kann sie anschließend jederzeit widerrufen.

Ein absolutes Beschäftigungsverbot gilt hingegen für die Mutterschutzfrist nach der Geburt. Sie endet acht Wochen, bei Mehrlings- und Frühgeburten zwölf Wochen nach der Entbindung. Um eine Frühgeburt in diesem Sinne handelt es sich, wenn das Kind bei der Geburt weniger als 2500 Gramm wiegt oder wenn das Kind zwar mehr als 2500 Gramm wiegt, es aber wegen noch nicht voll ausgebildeter Reifezeichen einer wesentlich erweiterten Pflege bedarf. Bei solchen Frühgeburten, aber auch bei sonstigen vorzeitigen Geburten, verlängert sich die Acht-/Zwölf-Wochen-Frist um jenen Zeitraum, der vor der Geburt nicht mehr in Anspruch genommen werden konnte. Wird der errechnete Geburtstermin hingegen überschritten, verkürzt sich die Schutzfrist nicht. Sie dauert ganz normal acht beziehungsweise zwölf Wochen nach der Geburt.

Schutz für stillende Mütter am Arbeitsplatz

Mütter, die noch stillen, aber bereits wieder zu arbeiten begonnen haben, werden ebenfalls besonders geschützt. Ihnen ist auf Verlangen die zum Stillen erforderliche Zeit frei zu geben. Das Mutterschutzgesetz legt fest, dass dies mindestens zweimal täglich eine halbe Stunde oder einmal täglich eine Stunde sein muss. Bei zusammenhängenden Arbeitszeiten von mehr als acht Stunden erhöht sich die Dauer der Stillpausen sogar auf mindestens zweimal 45 Minuten oder einmal 90 Minuten, sofern in der Nähe des Arbeitsplatzes keine Stillgelegenheit vorhanden ist. Diese Stillzeiten müssen von den Müttern auch nicht vor- oder nachgearbeitet und dürfen nicht auf die festgesetzten Pausenzeiten angerechnet werden. Auch darf der Frau dadurch kein Verdienstausfall entstehen.

Zudem gelten für stillende Mütter viele der Schutzvorschriften für Schwangere weiterhin: zum Beispiel das erwähnte Verbot, Nacht- oder Akkordarbeit zu leisten, an Sonn- und Feiertagen oder mit gewissen Gefahrstoffen zu arbeiten.

Kündigungsschutz

Kündigungen, die das Unternehmen einer Frau während der Schwangerschaft oder in den vier Monaten nach der Geburt ausspricht, sind unzulässig. Ausnahmen davon sind nur in besonderen Konstellationen möglich (zum Beispiel Insolvenz oder Teil-Stilllegungen). Wusste der Arbeitgeber von der Schwangerschaft nichts, greift das Kündigungsverbot nur, wenn er innerhalb von zwei Wochen nach Kündigungszugang darüber informiert wird. **Tipp:** Dieses Informationsschreiben unbedingt gut dokumentieren, zum Beispiel durch Einschreiben.

Verpasst man die Frist ohne eigenes Verschulden (zum Beispiel weil man erst danach von der Schwangerschaft erfährt), sind Ausnahmen möglich.

Nimmt die Mutter nach der Entbindung Elternzeit, so verlängert sich der Kündigungsschutz sogar bis zum Ende der Elternzeit.

> Unser Tipp Für die (werdende) Mutter ihrerseits gilt das Kündigungsverbot nicht. Es besteht sogar die Möglichkeit, nicht an die eigene vertragliche Kündigungsfrist gebunden zu sein. In diesen Fällen, ebenso wie bei Aufhebungsverträgen, empfiehlt sich jedoch eine Beratung durch einen Rechtsanwalt.

Mutterschaftsgeld

Während der speziellen Mutterschutzfristen vor und nach der Geburt (sechs Wochen davor und acht, beziehungsweise zwölf bei Mehrlings- und Frühgeburten, danach) sowie am Tag der Geburt selbst sind die meisten berufstätigen Frauen durch das Mutterschaftsgeld (gezahlt von der Krankenkasse oder dem Bundesversicherungsamt) sowie einen Arbeitgeberzuschuss finanziell abgesichert.

Ob, in welcher Höhe und von wem eine Frau diese Gelder bekommt, hängt unter anderem davon ab, wie sie krankenversichert ist und ob sie zum Beispiel selbstständig, angestellt oder verbeamtet berufstätig ist. Ausführlichere Informationen dazu im Kapitel »Mutterschaftsgeld«, S. 66.

Urlaubsansprüche

Darf eine Frau wegen mutterschutzrechtlicher Beschäftigungsverbote nicht arbeiten, so dürfen ihr für diese Zeiten Urlaubsansprüche nicht etwa anteilig gekürzt werden. In Hinblick auf die »Entstehung von Urlaubstagen« werden Fehlzeiten wegen eines Beschäftigungsverbotes so behandelt, als hätte die werdende Mutter weitergearbeitet. Es gehen ihr also keine Ansprüche auf bezahlten Urlaub verloren. Konnte sie den Resturlaub vor Beginn der Beschäftigungsverbote nicht nehmen, so kann sie ihn nach Ablauf der Zeiträume, in denen Beschäftigungsverbote wirken, im laufenden oder im nächsten Urlaubsjahr beanspruchen.

Leistungen der Krankenkassen

Spezielle Leistungen erhalten werdende Mütter auch von den Krankenkassen. Anders als bei den Rechten, die sich aus dem Mutterschutzgesetz ableiten und die nur für Frauen gelten, die in einem Arbeitsverhältnis stehen, haben auch selbstständige oder nicht erwerbstätige Frauen Ansprüche auf Krankenkassenleistungen. Für die Schwangerschaft, Geburt und die Zeit danach bieten die gesetzlichen Krankenkassen sowohl medizinische Betreuung, insbesondere Vorsorgeuntersuchungen, durch Ärzte oder Hebammen an, als auch die Kostenübernahme der stationären Entbindung und die Versorgung mit Arznei- und Heilmitteln. Und je nach Kasse gibt es zusätzliche Leistungen wie zum Beispiel Vorbereitungs- und Rückbildungskurse oder eine Haushaltshilfe. Privat krankenversicherte Frauen sollten sich bei ihrer Versicherung nach den Leistungen im Mutterschaftsfall erkundigen, denn die Angebote sind hier sehr unterschiedlich.

Anspruch auf Elternzeit

Nach der Geburt des Kindes gibt es für Arbeitnehmerinnen und Arbeitnehmer die Möglichkeit, bis zu drei Jahre Elternzeit zu nehmen. Sie können sich in diesem Zeitraum ihrem Kind widmen, ohne dabei den Kontakt zum Beruf zu verlieren.

Nähere Informationen dazu im Kapitel »Elternzeit«, S. 42.

Einhaltung der Mutterschutzvorschriften

Verstößt ein Arbeitgeber gegen die Vorschriften des Mutterschutzgesetzes, so ist dies eine Ordnungswidrigkeit, die mit bis zu 15 000 Euro geahndet werden kann, oder sogar eine Straftat mit einer Freiheitsstrafe bis zu einem Jahr.

Über die Einhaltung der Mutterschutzbestimmungen wachen die Aufsichtsbehörden. Informationen dazu, welche Behörde je nach Bundesland zuständig ist, erteilen die jeweiligen Landesministerien für Arbeit und Soziales oder das Familienministerium.

Auskunft und Rat

Folgende Stellen erteilen Auskunft und Rat zu Fragen des Mutterschutzgesetzes:

- bezüglich der **Anwendung des Mutterschutzgesetzes** die Arbeitsschutz- oder Gewerbeaufsichtsämter. Welche staatliche Stelle dafür zuständig ist, erfährt man über die Arbeits- und Sozialministerien der Länder.

- bezüglich des **Mutterschaftsgeldes** die gesetzlichen Krankenkassen oder, bei privat versicherten Frauen, das Bundesversicherungsamt.
- zu **Krankenversicherungsleistungen** bei Schwangerschaft und Mutterschaft die Krankenkassen.
- **Weitere Auskünfte** gibt das kostenpflichtige Servicetelefon des Familienministeriums von Montag bis Donnerstag, 9 bis 18 Uhr, unter der Telefonnummer 030/20179130, oder per E-Mail: info@bmfsfjservice.bund.de

BUCH

Mutterschutz, Elternzeit, Teilzeit. Daniela Range-Dietz, Stiftung Warentest, 2009.

INTERNET

www.familien-wegweiser.de Webseite des Bundesministeriums für Familie, Senioren, Frauen und Jugend (Familienministerium), mit weiteren Informationen unter den Stichworten »Mutterschutz« beziehungsweise »Mutterschaft«.

www.gesetze-im-internet.de Auf dieser Webseite des Bundesministeriums der Justiz (Justizministerium) findet man die aktuellen Fassungen des Mutterschutzgesetzes (MuSchG), der Verordnung zum Schutze der Mütter am Arbeitsplatz (MuSchArbV), des Arbeitsschutzgesetzes (ArbSchG), der Arbeitsstättenverordnung (ArbStättV), der Mutterschutz- und Elternzeitverordnung für Beamt/innen (MuSchEltZV) oder der Mutterschutzverordnung für Soldatinnen (MuSchSoldV).

www.bmfsfj.de Das Familienministerium bietet eine Übersicht über die jeweiligen Aufsichtsbehörden der Länder zur Überwachung des Mutter- und Kündigungsschutzes (dafür im Suchfeld das Stichwort »Aufsichtsbehörden« eingeben).

KOSTENLOSE BROSCHÜREN

Mutterschutzgesetz – Leitfaden zum Mutterschutz Broschüre des Familienministeriums mit profunden Informationen zu Schutzvorschriften und finanziellen Leistungen. Bezug beim Publikationsversand der Bundesregierung: Telefon: 01805/778090, E-Mail: publikationen@bundesregierung.de oder im Serviceteil auf www.bmfsfj.de, dort auch als Download.

Kündigungsschutz Broschüre des Bundesministeriums für Arbeit und Soziales (Arbeitsministerium). Bezug beim Publikationsversand der Bundesregierung: Telefon: 01805/778090, E-Mail: publikationen@bundesregierung.de oder auf www.bmas.de (➛ Service ➛ Publikationen), dort auch als Download.

Wenn Selbstständige Kinder kriegen Ein ausführlicher Ratgeber von Rüdiger Lühr – nicht nur für Selbstständige, sondern auch für Arbeitnehmer. Als Datei abzurufen über mediafon.net (ein Consulting-Unternehmen, das überwiegend ver.di-Mitglieder berät), www.mediafon.net, Telefon: 01805/754444, am schnellsten jedoch über die Eingabe bei Google zu finden.

Elternzeit

Was ist Elternzeit und wen betrifft sie?

Die Elternzeit ist eine Möglichkeit für Arbeitnehmerinnen und Arbeitnehmer, eine Auszeit vom Beruf zu nehmen oder die Arbeitszeit zumindest zu reduzieren, um so mehr Zeit zu haben, sich seinem Kind zu widmen.

Einen Anspruch auf diese Auszeit haben Mütter und Väter, die in einem Arbeitsverhältnis stehen und die mit ihrem Kind im selben Haushalt leben, es überwiegend selbst betreuen und erziehen und nicht mehr als 30 Wochenstunden im Monatsdurchschnitt erwerbstätig sind. In gewissen Fällen kann der Anspruch sogar Großeltern für die Betreuung eines Enkelkindes zustehen.

Die Elternzeit kann, auch anteilig, von der Mutter oder dem Vater allein oder von beiden Eltern gemeinsam genommen werden.

Wie lange und wann kann Elternzeit genommen werden?

Elternzeit kann bis zur Vollendung des dritten Lebensjahres des Kindes genommen werden. Mit Zustimmung des Arbeitgebers können von den drei Jahren sogar bis zu zwölf Monate für einen späteren Zeitraum aufgehoben werden, zum Beispiel um das Kind im ersten Schuljahr intensiver zu betreuen. Längstens ist diese Übertragung bis zum achten Geburtstag des Kindes möglich. Achtung: Ein neuer Arbeitgeber ist nicht an die »Übertragungs-Zustimmung« des vorherigen Arbeitgebers gebunden.

Die meisten Mütter nehmen die Elternzeit gleich im Anschluss an die Mutterschutzfrist. (Wichtig: Die acht- beziehungsweise zwölfwöchige Mutterschutzfrist nach der Geburt wird dann auf die Gesamtdauer der Elternzeit angerechnet.) Die Elternzeit des Vaters kann bereits ab Geburt des Kindes beginnen. Selbstverständlich können die Eltern die Elternzeit auch erst zu einem späteren Zeitpunkt antreten.

Wann meldet man Elternzeit an?

Für die Elternzeit ist keine Zustimmung des Arbeitgebers notwendig. Man stellt also keinen Antrag, sondern meldet sie lediglich beim Arbeitgeber an. Diese Anmeldung muss spätestens sieben Wochen vor dem geplanten Beginn erfolgen. Hält man diese Frist nicht ein, verschiebt sich der Beginn der Elternzeit entsprechend.

Nur in Ausnahmen ist eine kürzere Anmeldefrist möglich (zum Beispiel bei einer kurzfristigen Adoptionszusage oder bei einer Frühgeburt für die Elternzeit des Vaters).

Eine frühere Anmeldung ist, insbesondere für Väter, nicht ratsam, da der hier geltende besondere Kündigungsschutz zwar ab der Anmeldung der Elternzeit entsteht, frühestens jedoch acht Wochen vor deren Beginn.

Für Mütter, die die Elternzeit direkt im Anschluss an den Mutterschutz nehmen wollen, heißt das also, dass die Anmeldung in der Regel in der ersten Woche nach der Geburt erfolgen muss.

> Unser Tipp Achtung, wer Elterngeld beantragt, sollte bei der Anmeldung der Elternzeit beachten, dass das Elterngeld »für Lebensmonate des Kindes« bezahlt wird, nicht für Kalendermonate. Deswegen lohnt es sich, die Elternzeit so anzumelden, dass sie sich mit dem Zeitraum, für den Elterngeld gezahlt wird, deckt. Alternativ die angemeldete Elternzeit klug mit Resturlaubstagen kombinieren. Beispiel: Das Kind ist am 18. Januar geboren, die Mutter beantragt Elterngeld für sechs Monate – dieses wird also bis zum 17. Juli (= sechs Lebensmonate) bezahlt. Arbeitet die Mutter nun aber bereits ab 1. Juli wieder, verliert sie in diesem Monat das Elterngeld, das eigentlich noch bis 17. Juli gezahlt würde, da ihr Arbeitslohn auf das Elterngeld angerechnet wird. Beginnt sie hingegen erst am 1. August wieder mit der Arbeit, hat sie für fast zwei Wochen gar keine Einkünfte.

Wo und wie meldet man Elternzeit an?

Elternzeit wird schriftlich beim Arbeitgeber angemeldet. Dafür genügt ein formloses Schreiben mit der Information, für welchen Zeitraum man Elternzeit nehmen will, am besten unter Nennung konkreter Kalenderdaten. Aus Beweisgründen empfiehlt es sich, die Anmeldung per Einschreiben zu schicken oder sie zum Beispiel vom Arbeitgeber bestätigen zu lassen.

Väter, die die Elternzeit direkt nach der Geburt nehmen möchten, geben für den Beginn »ab Geburt« an und können dem Arbeitgeber das voraussichtliche Geburtsdatum mitteilen, damit er sich darauf einstellen kann (zum Beispiel durch rechtzeitige Einstellung einer Vertretung).

Um dem Arbeitgeber ausreichend Planungsspielraum zu gewährleisten, muss man sich bei der Anmeldung bereits verbindlich festlegen, für welche Zeiträume innerhalb von zwei Jahren die Elternzeit genommen werden soll. (Schließt sich die Elternzeit der Mutter direkt an ihren Mutterschutz an, muss sie sich für den Zeitraum bis zum zweiten Geburtstag des Kindes festlegen.) Das heißt: Meldet ein Elternteil zum Beispiel nur für ein Jahr Elternzeit an, folgt daraus, dass er für das darauffolgende Jahr auf die Elternzeit verzichtet.

Insgesamt kann die Elternzeit in bis zu zwei Zeitabschnitte aufgeteilt werden, in weitere Zeitabschnitte nur mit Zustimmung des Arbeitgebers.

Rechtliche Auswirkungen der Elternzeit auf das Arbeitsverhältnis

Ruhen des Arbeitsverhältnisses

Das Arbeitsverhältnis bleibt während der Elternzeit bestehen, seine Hauptpflichten ruhen dabei jedoch. Der Arbeitnehmer muss also keine Arbeitsleistung erbringen und der Arbeitgeber ihn dafür nicht bezahlen. Man hat einen Anspruch darauf, nach der Elternzeit auf den früheren Arbeitsplatz zurückzukehren, zumindest aber auf einen gleichwertigen. Eine Versetzung auf einen anderen Arbeitsplatz, die den Arbeitnehmer schlechter stellen würde, vor allem auch in Hinblick auf das Gehalt, ist nicht zulässig.

Kündigungsschutz

Zudem gilt ein besonderer Kündigungsschutz: Vom Moment der Anmeldung der Elternzeit an, höchstens jedoch acht Wochen vor deren Beginn, und während der Elternzeit selbst darf der Arbeitgeber das Arbeitsverhältnis nicht beziehungsweise nur in ganz speziellen Ausnahmefällen kündigen.

Teilzeit in Elternzeit

Während der Elternzeit kann in Teilzeit mit bis zu 30 Wochenstunden (dabei zählt der Monatsdurchschnitt) gearbeitet werden.

Unter gewissen Voraussetzungen (wie Betriebsgröße, Dauer der eigenen Betriebszugehörigkeit etc.) besteht beim eigenen Arbeitgeber sogar ein Anspruch auf Teilzeitarbeit, sofern dem keine betrieblichen Gründe entgegenstehen.

Wer also beabsichtigt, während der Elternzeit in Teilzeit zu arbeiten, sollte dies am besten schon bei der Anmeldung der Elternzeit mit dem Arbeitgeber besprechen. So kann idealerweise vermieden werden, dass er den Teilzeitwunsch wegen dringender betrieblicher Gründe ablehnt, zum Beispiel weil für die gesamte Elternzeit eine Ersatzkraft angestellt wurde.

Will der jeweilige Elternteil während der Elternzeit bei einem anderen Arbeitgeber in Teilzeit arbeiten oder eine selbstständige Tätigkeit ausüben, so muss er dafür die Zustimmung seines Arbeitgebers einholen. Dieser darf sie jedoch nur innerhalb von vier Wochen aus dringenden betrieblichen Gründen schriftlich ablehnen.

Nach Beendigung der Elternzeit gilt dann wieder die frühere Arbeitszeit. Will man aber auch danach weiter in Teilzeit arbeiten, muss dies erneut mit dem Arbeitgeber verhandelt werden. Ob ein Anspruch auf Teilzeit besteht, richtet sich nun nicht mehr nach dem »Elternzeitgesetz«, sondern nach dem Gesetz über Teilzeitarbeit und befristete Arbeitsverträge.

Elternzeit und Elterngeld

Die Elternzeit ist zu unterscheiden vom Elterngeld.

Elternzeit kann unabhängig vom Bezug von Elterngeld genommen werden. Und umgekehrt setzt Elterngeld nicht voraus, dass Elternzeit genommen wird, denn es steht zum Beispiel auch Selbstständigen, Hausfrauen und Auszubildenden zu. Arbeitnehmer/innen werden in der Regel aber Elternzeit nehmen müssen, um ihre Arbeitszeit zu verringern und so das Elterngeld nutzen zu können.

Für Zwillingseltern gilt: Den Eltern stehen für jedes Kind drei Jahre Elternzeit bis zur Vollendung des dritten Lebensjahres zu. Das heißt also auch, dass die Regelung, zwölf Monate mit Zustimmung des Arbeitgebers auf den Zeitraum bis zum achten Geburtstag übertragen zu können, für jedes der Kinder gilt. Und man somit hier auf zweimal zwölf Monate kommen kann.

> Unser Tipp Die jeweiligen Elterngeldstellen haben die Aufgabe, zu den Elternzeit-Themen zu beraten. Kontaktdaten finden sich in der Broschüre »Elterngeld und Elternzeit« (zu den Bestellmöglichkeiten siehe S. 50 »Kostenlose Broschüren«) oder auf www.familien-wegweiser.de (➛ Familie regional ➛ Elterngeld). An die Mitarbeiter des Servicetelefons des Familienministeriums kann man sich ebenfalls wenden, Telefon: 0180/1907050.

Sozialversicherungen in der Elternzeit

Ein kurzer Blick auf dieses Thema lohnt sich, da hier je nach privater Situation eventuell erhebliche Mehrkosten entstehen können.

Rentenversicherung

In der gesetzlichen Rentenversicherung werden dem Elternteil, der das Kind erzieht, auch ohne eigene Einzahlungen Beiträge für drei Erziehungsjahre gutgeschrieben. Diese gutgeschriebenen Beiträge werden nach dem Durchschnittseinkommen aller Versicherten berechnet. Hat man vorher mehr verdient als der Durchschnitt, erhöhen sich die Rentenansprüche in den Erziehungsjahren also weniger stark. Weitere Infos dazu finden sich in der Broschüre »Kindererziehung – Ihr Plus für die Rente« (vgl. S. 51).

Für Frauen, die beim Versorgungswerk einer Berufskammer rentenversichert sind, sieht die Situation im Mutterschaftsfall je nach Kammer womöglich anders aus. Hier empfiehlt sich eine entsprechende Nachfrage beim Versorgungswerk, zum Beispiel danach, ob Erziehungszeiten angerechnet werden (falls nicht, kann dies in der Regel bei der gesetzlichen Rentenversicherung beantragt werden), ob ein Mindestbeitrag zu zahlen ist oder eventuell freiwillige Zahlungen zur Rentenaufstockung sinnvoll und machbar sind.

Krankenversicherung

Der Krankenversicherungsschutz besteht in der Regel während der Elternzeit in der gesetzlichen Krankenkasse beitragsfrei weiter. Freiwillig gesetzlich Versicherte müssen nach dem Ende des Mutterschutzes jedoch Beiträge bezahlen. Dies kann ein Mindestbeitrag sein, für Verheiratete wird es jedoch eventuell teurer, wenn der Ehepartner privat krankenversichert ist. Privat Krankenversicherte sind auch in der Elternzeit voll beitragspflichtig. Einige Privatversicherungen sehen allerdings für gewisse Zeiträume des Elterngeldbezugs eine Beitragsfreiheit vor.

Die für den Einzelfall zutreffende Information kann dabei letztlich nur die eigene Krankenkasse geben.

Arbeitslosenversicherung

Gesetzlich Krankenversicherte sind in der Elternzeit bis zum dritten Lebensjahr des Kindes regelmäßig beitragsfrei arbeitslosenversichert, sofern schon vorher ein Versicherungspflichtverhältnis bestand. In jedem Fall empfiehlt es sich aber auch hier, Auskünfte dazu für die individuelle eigene Situation bei der eigenen Krankenkasse, beim Versorgungsamt oder der zuständigen Agentur für Arbeit einzuholen.

BUCH

Elternzeit. Patrick Bruns, Boorberg, 2011.

INTERNET

www.familien-wegweiser.de Webseite des Familienministeriums mit vielen Informationen unter dem Stichwort »Elternzeit«.

www.gesetze-im-internet.de Auf dieser Webseite des Justizministeriums findet man die aktuellen Textfassungen des Bundeselterngeld- und Elternzeitgesetzes (BEEG) und des Gesetzes über Teilzeitarbeit und befristete Arbeitsverträge (TzBfG).

KOSTENLOSE BROSCHÜREN

Elterngeld und Elternzeit Sehr informative und ausführliche Broschüre des Familienministeriums, Bezug über den Publikationsversand der Bundesregierung: Telefon: 01805/778090, E-Mail: publikationen@bundesregierung.de, im Serviceteil auf www.bmfsfj.de auch als Download erhältlich.

Kündigungsschutz Broschüre des Arbeitsministeriums. Bezug über www.bmas.de (➤ Service ➤ Publikationen), dort auch als Download oder beim Publikationsversand der Bundesregierung erhältlich: Telefon: 01805/778090, E-Mail: publikationen@bundesregierung.de.

Teilzeit – alles was Recht ist Eine Broschüre des Arbeitsministeriums. Bestellbar oder herunterladbar auf www.bmas.de (➛ Service ➛ Publikationen).

Kindererziehung – Ihr Plus für die Rente Eine informative Broschüre der Deutschen Rentenversicherung zum Thema, wie Kindererziehungszeiten den Rentenanspruch erhöhen: Auf www.deutsche-rentenversicherung.de (➛ Services ➛ Broschüren und mehr ➛ Broschüren ➛ Vor der Rente) als Download erhältlich beziehungsweise zum Postversand zu bestellen.

Wenn Selbstständige Kinder kriegen Ein ausführlicher Ratgeber von Rüdiger Lühr – nicht nur für Selbstständige, sondern auch für Arbeitnehmer. Als Datei abzurufen über mediafon.net (ein Consulting-Unternehmen, das überwiegend ver.di-Mitglieder berät), www.mediafon.net, Telefon: 01805/754444, am schnellsten jedoch über die Eingabe bei Google zu finden.

Vaterschaftsanerkennung

Was ist die Vaterschaftsanerkennung und wen betrifft sie?

Als Vater eines Kindes gilt in Deutschland der Mann, der zum Zeitpunkt der Geburt mit der Mutter des Kindes verheiratet ist. Sind die Eltern nicht miteinander verheiratet, bedeutet das also:

Der biologische Vater ist nicht automatisch auch der rechtliche Vater des Kindes. Wer dies ändern will, muss die Vaterschaft anerkennen und dies öffentlich beurkunden lassen. Voraussetzung ist, dass die Mutter dem zustimmt und ihren Willen ebenfalls beurkunden lässt.

Umgekehrt gilt: Erfolgt keine freiwillige Anerkennung der Vaterschaft, bleibt die Möglichkeit, sie gerichtlich feststellen zu lassen.

Wann lässt man die Vaterschaftsanerkennung beurkunden?

Die Vaterschaft kann jederzeit anerkannt werden. Erfolgt sie schon vor der Geburt des Kindes, wird der Vater von Anfang an in der Geburtsurkunde aufgeführt. Erfolgt sie erst, nachdem bereits eine Geburtsurkunde für das Kind erstellt wurde, wird das Geburtsregister ergänzt und eine neue Geburtsurkunde ausgestellt.

Wo und wie lässt man die Vaterschaftsanerkennung beurkunden?

Die Vaterschaftsanerkennung erfolgt meist beim Jugendamt. Aber auch beim Standesamt, Amtsgericht oder einem Notar (letztere kostenpflichtig) ist die Beurkundung möglich.

Beide Elternteile müssen zustimmen, können diese Erklärungen aber auch getrennt voneinander abgeben.

Welche Unterlagen benötigt man für die Vaterschaftsanerkennung?

- Ausweisdokumente der Eltern
- Geburtsurkunde des Vaters
- Mutterpass zum Nachweis des voraussichtlichen Geburtsdatums (vor der Geburt) oder
- Geburtsurkunde des Babys (nach der Geburt)

> Unser Tipp Zunächst telefonisch beim entsprechenden Amt nach den Abläufen erkundigen. Denn oft müssen die Unterlagen vorab eingereicht werden und erst wenn deren Vollständigkeit geprüft ist, wird ein Beurkundungstermin vereinbart.

Die rechtlichen Folgen der Vaterschaftsanerkennung

Die Anerkennung bestätigt offiziell das zwischen Vater und Kind bestehende Verwandtschaftsverhältnis. Der Vater ist damit vor allem dazu verpflichtet, dem Kind Unterhalt zu gewähren. Darüber hinaus werden aber auch Erbrechte begründet oder sozialrechtliche Ansprüche, zum Beispiel auf Mitversicherung des Kindes in der Krankenkasse des Vaters. Zudem erhält der Vater ein Umgangsrecht.

Selbst wenn der Vater kein Sorgerecht für das Kind hat, so könnte dieses nach der Vaterschaftsanerkennung seinen Nachnamen führen (sofern die sorgeberechtigte Mutter dem zustimmt).

Vaterschaftsanerkennung und Sorgerecht

Die Vaterschaftsanerkennung ist zu unterscheiden von der Erklärung des gemeinsamen Sorgerechts. Beide haben unterschiedliche Auswirkungen.

Ist aber die Vaterschaft wirksam anerkannt worden, so können die Eltern sich für das gemeinsame Sorgerecht entscheiden. Tun sie dies nicht, bleibt die gesetzliche Vertretung des Kindes durch die Vaterschaftsanerkennung unberührt. Näheres dazu im Kapitel »Erklärung über das gemeinsame Sorgerecht«, S. 55.

BÜCHER

Meine Rechte und Pflichten als Vater – Vaterschaft, Sorgerecht, Umgang, Namensrecht, Unterhaltsfragen, Erbrechtliche und steuerrechtliche Fragen. Beate Wernitznig, dtv, 2010.

Eltern und Kinder – Elterliche Sorge, Umgang, Unterhalt. Paula Heider, Anette Schulte, Beck Rechtsberater im dtv, 2011.

KOSTENLOSE BROSCHÜRE

Das Kindschaftsrecht Eine Broschüre des Justizministeriums mit Fragen und Antworten zum Abstammungs-, Umgangs- und Namensrecht, zur elterlichen Sorge und anderem. Erhältlich als Download auf www.bmj.de (➛ Service ➛ Broschüren) oder zu bestellen beim Publikationsversand der Bundesregierung, Telefon: 01805/778090.

Erklärung über das gemeinsame Sorgerecht

Was ist das Sorgerecht und wen betrifft es?

In Deutschland haben Eltern per Gesetz die Pflicht und das Recht, für ihr minderjähriges Kind zu sorgen. Dieses Sorgerecht umfasst sowohl die Sorge für die Person als auch für das Vermögen des Kindes. Es steht den Eltern nur dann gemeinsam zu, wenn

- die Eltern bei der Geburt des Kindes miteinander verheiratet sind,
- die Eltern einander nach der Geburt heiraten oder
- die Eltern ausdrücklich erklären, dass sie die Sorge für das Kind gemeinsam übernehmen wollen (sogenannte Sorgeerklärung).

Nicht verheiratete Eltern, die die Sorge für ihr Kind gemeinsam ausüben wollen, müssen dies also erst erklären und öffentlich beurkunden lassen.

Geben nicht verheiratete Eltern keine solche Sorgeerklärung ab, steht das Sorgerecht zunächst einmal der Mutter allein zu. Falls in dieser Konstellation der Vater die elterliche Sorge jedoch gern ebenfalls ausüben würde, die Mutter aber ihre Zustimmung verweigert, haben Väter nun nach Entscheidungen des Europäischen Gerichtshofs von 2009 und des Bundesverfassungsgerichts von 2010 die Möglichkeit, eine Entscheidung des Familiengerichts dazu zu erwirken.

Das Familiengericht wird den Eltern das Sorgerecht (oder einen Teil davon) dann gemeinsam übertragen, wenn es der Meinung ist, dass dies dem Wohl des Kindes entspricht.

Weil die derzeitige Regelung im deutschen Gesetz nicht mehr mit den genannten Entscheidungen des Bundesverfassungsgerichts und des Europäischen Gerichtshofs vereinbar ist, arbeitet das Justizministerium an einer entsprechenden Neukonzeption des Sorgerechts bei nicht miteinander verheirateten Eltern. Zum Redaktionsschluss dieses Buches lag noch keine beschlossene Gesetzesänderung vor, es lohnt sich jedoch, dies weiter zu verfolgen, um eventuell eingeführte Fristen oder Ähnliches nicht zu verpassen.

Wann gibt man die Sorgeerklärung ab?

Die Sorgeerklärung kann jederzeit abgegeben werden, auch schon vor der Geburt.

Wie und wo lässt man die Sorgeerklärung beurkunden?

Die Erklärung über das gemeinsame Sorgerecht muss öffentlich beurkundet werden. Dies kann bei dem Jugendamt oder bei einem Notar (kostenpflichtig) erfolgen.

Welche Unterlagen benötigt man für die Sorgeerklärung?

In der Regel sind folgende Dokumente vorzulegen:

- Ausweisdokumente der Eltern,
- Nachweis über die Vaterschaftsanerkennung (Ist der Vater bereits in die Geburtsurkunde eingetragen, reicht dies manchmal, sicherheitshalber erkundigen.),
- Mutterpass zum Nachweis des voraussichtlichen Geburtsdatums (bei Beurkundung vor der Geburt) oder
- Geburtsurkunde des Kindes beziehungsweise aktueller Auszug aus dem Geburtenbuch, worin beide Elternteile eingetragen sind (bei Beurkundung nach der Geburt).

Unser Tipp Üblicherweise möchte das Jugendamt beziehungsweise der Notar die Unterlagen vorab bekommen. Erst wenn deren Vollständigkeit geprüft ist, wird ein Beurkundungstermin vereinbart. Deshalb am besten zunächst telefonisch nach den Abläufen erkundigen.

Rechtliche Folgen der Sorgeerklärung

Die elterliche Sorge verpflichtet dazu, sowohl für die Person als auch das Vermögen des Kindes zu sorgen. Dazu gehört vor allem, das Kind zu pflegen, gewaltfrei zu erziehen, zu beaufsichtigen und seinen Aufenthalt zu bestimmen. Hierunter fallen auch Entscheidungen bei Krankenbehandlungen oder zur Wahl der Schule.

Haben die Eltern die gemeinsame Sorge erklärt, ist ein Widerruf ausgeschlossen. Auch wenn die Eltern sich (gleichgültig, ob verheiratet oder nicht) trennen, besteht die gemeinsame Sorge fort. Eine Abänderung könnte dann nur noch durch einen entsprechenden Antrag beim Familiengericht möglich werden.

Sorgeerklärung und Vaterschaftsanerkennung

Die Sorgeerklärung erlangt nur Wirksamkeit, wenn auch eine wirksame Vaterschaftsanerkennung vorliegt (➝ »Vaterschaftsanerkennung und Sorgerecht«, S. 54).

Sorgeerklärung und Namensrecht

Die Erklärung des gemeinsamen Sorgerechts kann Einfluss auf das Namensrecht haben. Trug das Kind bislang den Nachnamen der Mutter, ist auf Wunsch beider Eltern eine Neubestimmung des Nachnamens jetzt beim Standesamt möglich, jedoch nur innerhalb von drei Monaten.

BÜCHER

Eltern und Kinder – Elterliche Sorge, Umgang, Unterhalt. Paula Heider, Anette Schulte, Beck Rechtsberater im dtv, 2011.

Meine Rechte und Pflichten als Vater – Vaterschaft, Sorgerecht, Umgang, Namensrecht, Unterhaltsfragen, Erbrechtliche und Steuerrechtliche Fragen. Beate Wernitznig, dtv, 2010.

INTERNET

www.familien-wegweiser.de Webseite des Familienministeriums, mit weiteren Informationen unter den Stichwörtern »Sorgerecht: Elterliche Sorge« und »Elterliche Sorge bei nicht verheirateten Eltern«.

KOSTENLOSE BROSCHÜRE

Das Kindschaftsrecht Eine Broschüre des Justizministeriums mit Fragen und Antworten zum Abstammungs-, Umgangs- und Namensrecht und zur elterlichen Sorge. Erhältlich als Download auf www.bmj.de (➛ Service ➛ Broschüren) oder zu bestellen beim Publikationsversand der Bundesregierung, Telefon: 01805/ 778090.

Namensrecht

Was ist das Namensrecht und wen betrifft es?

Das Recht eines Kindes auf einen Namen nach der Geburt ist ein besonderer Teil seines Persönlichkeitsrechts.

Bei der Wahl des Vornamens sind die Eltern mehr oder weniger frei in ihrer Entscheidung. Welchen Nachnamen das Kind bekommt, hängt hingegen von der individuellen Familiensituation ab.

Und: Ist ein Name, egal ob Vor- oder Nachname, erst einmal bestimmt worden, so ist seine Änderung nur noch in begrenzten Ausnahmefällen möglich. (Eheschließung oder Scheidung können zum Beispiel zu einem Wechsel des Nachnamens führen.)

Vorname

Den Vornamen ihres Kindes bestimmen die Eltern allein oder gemeinsam – je nachdem, wie ihnen die elterliche Sorge zusteht. Das Personenstandsgesetz regelt, dass die Geburt eines Kindes innerhalb einer Woche beim Standesamt anzuzeigen ist (➛ »Nach der Geburt«, S. 15). Konnte dem Standesamt zu diesem Zeitpunkt der Vorname noch nicht angeben werden, so ist er dort innerhalb eines Monats nachzureichen.

Welchen Vornamen die Eltern auswählen, steht ihnen frei. Einige Vorgaben gibt es jedoch in Deutschland, die berücksichtigt werden sollten:

- der Vorname muss als solcher erkennbar sein (Adelstitel, Orts- oder Familiennamen scheiden zum Beispiel aus),
- er muss das Geschlecht des Kindes erkennen lassen (ansonsten ist ein »geschlechtsspezifischer« Vorname beizufügen),
- es sollten nicht mehr als fünf Vornamen sein und
- das Wohl des Kindes darf durch den Vornamen nicht verletzt werden.

Eine Vielzahl von Gerichtsurteilen zeigt, dass das Wohl eines Kindes zumindest dann beeinträchtigt ist, wenn der Vorname lächerlich oder anstößig ist (abgelehnt wurden deshalb Namenswünsche wie Gin, Pepsi-Cola, Pfefferminze, Grammophon, Nelkenheini, Steißlage oder Borussia), wenn er Assoziationen zu Personen aus Politik oder Geschichte hervorruft (zum Beispiel Lenin, Hindenburg, Che, Bin Laden) oder es ganz einfach so viele Namen sind, dass diese das Kind regelrecht belästigen würden. Aus letzterem Grund lehnte das Bundesverfassungsgericht im Jahr 2004 dann auch den Wunsch einer Mutter ab, die ihren Sohn wie folgt nennen wollte: Chenekwahow Tecumseh Migiskau Kioma Ernesto Inti Prithibi Pathar Chajara Majim Henriko Alessandro.

In Zweifelsfällen: Beim zuständigen Standesamt nachfragen.

Nachname

Welchen Nachnamen das Kind bekommt, hängt von der individuellen Familiensituation ab:

- **Die Eltern haben bei der Geburt des Kindes einen durch eine Eheschließung erworbenen gemeinsamen Familiennamen (Ehenamen):** Dann erhält auch das Kind diesen Nachnamen. Hat ein Ehepartner seinen Geburtsnamen als Doppelnamen an den Ehenamen angefügt, kann das Kind nicht ebenfalls diesen Doppelnamen bekommen. Es erhält nur den Ehenamen als Nachnamen.
- **Die Eltern haben zwar die gemeinsame Sorge für das Kind (weil sie verheiratet sind oder weil sie das gemeinsame Sorgerecht erklärt haben), führen aber keinen gemeinsamen Familiennamen:** Dann entscheiden die Eltern gemeinsam, ob das Kind den Familiennamen der Mutter oder des Vaters bekommen soll. Werden sie sich nicht einig, überträgt das Familiengericht einem Elternteil die Entscheidung. Ein Doppelname aus beiden Nachnamen ist in diesem Fall leider nicht möglich.

- **Hat nur ein Elternteil das Sorgerecht für das Kind:** Das Kind bekommt den Nachnamen dieses Elternteils. Die Eltern können sich jedoch einvernehmlich auch für den Nachnamen des anderen Elternteils entscheiden. Ist das der Name des Vaters, setzt dies aber auch voraus, dass der Vater eine Vaterschaftsanerkennung abgegeben hat.
- **Die (nicht miteinander verheirateten) Eltern erklären die gemeinsame Sorge für das Kind erst nach der Geburt:** Trug das Kind bislang den Namen der Mutter, dann kann nun innerhalb von drei Monaten der Nachname des Kindes beim Standesamt neu bestimmt werden.

Unser Tipp Sind der Vater und/oder die Mutter ausländische Staatsangehörige, kann die Namensgebung eventuell entsprechend dem ausländischen Recht erfolgen. In diesem Fall sollte man sich vom Standesamt beraten lassen.

BÜCHER

Vornamen – von beliebt bis ausgefallen. Cornelia Nitsch, GU, 2009.

Die schönsten traditionellen Vornamen. Birgit Adam, Heyne, 2009. Inklusive einer kleinen Einführung in die namensrechtlichen Bestimmungen in Deutschland, Österreich und der Schweiz.

Die schönsten internationalen Vornamen. Birgit Adam, Heyne, 2007. Inklusive einer Übersicht nach Herkunft der Namen, Einführung in die namensrechtlichen Bestimmungen in Deutschland/Österreich/Schweiz und Namenstagkalender.

Die schönsten nordischen Vornamen. Birgit Adam, Heyne, 2007.

Little Black Book der Babynamen. Karen Kaufmann Orloff, Wiley-VCH, 2009. Übersetzung aus dem Englischen, aufgemacht wie ein kleines Moleskine-Buch.

Vornamen. Johanna Naumann, Dorling Kindersley in Zusammenarbeit mit *Eltern*, 2011.

Sage mir deinen Namen und ich sage dir, wer du bist. Joachim Schaffer-Suchomel, Goldmann, 2010. Namensfindung mal anders, Deutung unter anderem nach Klang- und Lautgestalt.

INTERNET

www.familien-wegweiser.de Webseite des Familienministeriums, mit Informationen unter dem Stichwort »Namensrecht«.

www.eltern.de/vornamen Bedeutung und Herkunft von rund 3000 Vornamen.

www.gfds.de Gesellschaft für deutsche Sprache, die die beliebtesten Vornamen der letzten Jahre zeigt und gegen geringe Gebühr auch prüft, ob ein Vorname eintragungsfähig ist.

www.beliebte-vornamen.de Hitlisten der beliebtesten Vornamen, Herkunft und Bedeutung der Vornamen, berühmte Namensträger und vieles mehr.

www.top-babynamen.de Zeigt die Top Ten der Vornamen aus rund 20 Ländern.

www.babynamewizard.com Namenssuche mit System, allerdings eine amerikanische Seite und teilweise kostenpflichtig.

KOSTENLOSE BROSCHÜRE

Das Kindschaftsrecht. Eine Broschüre des Justizministeriums mit einer kurzen Ausführung zum Familiennamen. Erhältlich als PDF-Download auf www.bmj.de (➛ Service ➛ Broschüren) oder zu bestellen beim Publikationsversand der Bundesregierung, Telefon: 01805/778090.

Gut finanziert und versichert

Eltern-, Kinder- und alle anderen Gelder beantragen

Mutterschaftsgeld

Was ist das Mutterschaftsgeld?

Das Mutterschaftsgeld ist eine Lohnersatzzahlung der Krankenkasse bzw. des Bundesversicherungsamtes während der Mutterschutzfristen, in denen die (werdende) Mutter nicht arbeitet, also sechs Wochen vor und acht beziehungsweise zwölf (bei Mehrlings- und Frühgeburten) Wochen nach der Geburt.

Wer bekommt das Mutterschaftsgeld?

Ob eine (werdende) Mutter Mutterschaftsgeld erhält, hängt unter anderem davon ab, wie sie krankenversichert ist und in welchem Beschäftigungsverhältnis sie steht. In der Regel erhalten das Mutterschaftsgeld der gesetzlichen Krankenkasse nur freiwillig oder pflichtversicherte Arbeitnehmerinnen. Freiwillig versicherte Frauen, die im Hauptberuf selbstständig tätig sind, haben nur dann einen Anspruch auf Mutterschaftsgeld von ihrer Krankenkasse, wenn sie bei dieser mit einem Anspruch auf Krankengeld versichert sind.

Selbstständig tätige und privat versicherte Frauen haben keinen Anspruch auf Mutterschaftsgeld. Je nach Vertrag der privaten

Krankenversicherung können sie aber eventuell andere Leistungen bekommen. Kein Mutterschaftsgeld erhalten auch Hausfrauen (da sie keinen Lohn beziehen, das Mutterschaftsgeld aber eine Lohnersatzzahlung ist) oder Beamtinnen (für die besondere Beamtenregelungen gelten). Bei der Vielzahl von Sonderkonstellationen empfiehlt sich eine Anfrage bei der eigenen Krankenkasse.

Wann beantragt man das Mutterschaftsgeld?
Das Mutterschaftsgeld kann frühestens sieben Wochen vor dem voraussichtlichen Geburtstermin beantragt werden.

Wie und wo beantragt man das Mutterschaftsgeld?
Der Antrag auf Mutterschaftsgeld ist schriftlich zu stellen. Gesetzlich Krankenversicherte richten ihn an ihre Krankenkasse. Dort gibt es auch die Antragsformulare.

Privatversicherte oder in der gesetzlichen Krankenkasse Familienversicherte stellen den Antrag online oder postalisch beim Bundesversicherungsamt: Alle Informationen dazu finden sich auf der entsprechenden Webseite www.mutterschaftsgeld.de (Info-Telefon: 0228/619-1888).

Welche Unterlagen benötigt man für den Antrag?

- Bescheinigung von Arzt oder Hebamme über den voraussichtlichen Geburtstermin. Diese darf nicht früher als eine Woche vor Beginn der Mutterschutzfrist ausgestellt sein.
- Für die Zahlung nach der Entbindung ist dann die Geburtsbescheinigung/Geburtsurkunde mit dem Mutterschaftshilfe-Vermerk nachzureichen.

Wie viel Mutterschaftsgeld wird gezahlt?

Das Mutterschaftsgeld wird für die letzten sechs Wochen vor dem errechneten Geburtstermin, für den Tag der Entbindung und für die ersten acht Wochen, bei Mehrlings- und Frühgeburten für die ersten zwölf Wochen nach der Geburt gezahlt.

Wie viel Mutterschaftsgeld gezahlt wird, richtet sich nach dem durchschnittlichen Arbeitsentgelt der letzten drei abgerechneten Kalendermonate vor Beginn der Schutzfrist vor der Geburt, reduziert um die gesetzlichen Abzüge. Es beträgt jedoch höchstens 13 Euro pro Kalendertag.

Arbeitnehmerinnen, die nicht selbst Mitglied einer gesetzlichen Krankenkasse sind (zum Beispiel Privat- oder Familienversicherte), erhalten das Mutterschaftsgeld nicht von der Krankenkasse, sondern vom Bundesversicherungsamt. Die Berechnung erfolgt auch hier anhand des beschriebenen Durchschnittseinkommens, insgesamt werden jedoch höchstens 210 Euro für den gesamten Zeitraum der Schutzfrist gezahlt.

Arbeitgeberzuschuss

Das Mutterschaftsgeld ist nur ein Teil der finanziellen Absicherung während der Mutterschutzfristen vor und nach der Entbindung. Der zweite Baustein ist der Arbeitgeberzuschuss. Er wird vom Arbeitgeber, in einigen Fällen auch vom Bundesversicherungsamt gezahlt. Der Zweck des Arbeitgeberzuschusses ist es, eine eventuelle Differenz zwischen dem Mutterschaftsgeld und dem durchschnittlichen Nettoverdienst der (werdenden) Mutter in den letzten drei Monaten vor Beginn des Mutterschutzes auszugleichen.

Überblick

Mitglieder der **gesetzlichen** Krankenversicherung **mit** Krankengeldanspruch (z. B. Arbeitnehmerinnen und Arbeitslose)	Arbeitnehmerin: pro Tag bis **13 Euro Mutterschaftsgeld** von der Krankenkasse **plus Arbeitgeberzuschuss** in Höhe der Differenz zum durchschnittlichen Nettoarbeitsentgelt. Arbeitslose Frauen: Mutterschaftsgeld in Höhe der bisherigen Zahlung.
Mitglieder der **gesetzlichen** Krankenversicherung **ohne** Krankengeldanspruch (z. B. Studentinnen) mit einer geringfügigen Beschäftigung	In der Regel pro Tag bis **13 Euro Mutterschaftsgeld** von der Krankenkasse plus Arbeitgeberzuschuss in Höhe der Differenz zwischen 13 Euro und dem durchschnittlichen Nettoarbeitsentgelt.
In der **gesetzlichen** Krankenversicherung **familienversicherte** Frauen **mit** einer geringfügigen Beschäftigung	**Mutterschaftsgeld** von einmalig bis zu **210 Euro** durch das Bundesversicherungsamt **plus Arbeitgeberzuschuss** in Höhe der Differenz zwischen 13 Euro und dem durchschnittlichen Nettoarbeitsentgelt.
In der **privaten** Krankenversicherung versicherte oder **nicht** krankenversicherte Arbeitnehmerinnen	**Mutterschaftsgeld** von einmalig bis zu **210 Euro** durch das Bundesversicherungsamt **plus Arbeitgeberzuschuss** in Höhe der Differenz zwischen 13 Euro und dem durchschnittlichen Nettoarbeitsentgelt.
Frauen, deren Arbeitsverhältnis während der Schwangerschaft vom Arbeitgeber zulässig aufgelöst wurde	Pro Tag bis **13 Euro Mutterschaftsgeld**; der Arbeitgeberzuschuss wird diesen Frauen von der Krankenkasse oder dem Bundesversicherungsamt gezahlt.
Mitglieder der **gesetzlichen** Krankenversicherung **ohne** Krankengeldanspruch (Arbeitslosengeld-II-Empfängerinnen)	Arbeitslosengeld II wird während der gesetzlichen Mutterschutzfristen unter Berücksichtigung eines Mehrbedarfs* ab der 13. Schwangerschaftswoche weitergezahlt.

* Mehrbedarf wird nur bis einschließlich zum Entbindungstag gewährt.

Quelle: »Leitfaden zum Mutterschutz«, herausgegeben vom Bundesministerium für Familie, Senioren, Frauen und Jugend, Dezember 2012.

Besteuerung von Mutterschaftsgeld und Arbeitgeberzuschuss

Beide Leistungen sind steuerfrei, werden aber in den steuerlichen Progressionsvorbehalt einbezogen. Das heißt, sie werden zum versteuernden Einkommen hinzugerechnet und anhand dieses Gesamtbetrags wird dann der Steuersatz ermittelt, mit dem das zu versteuernde Einkommen (ohne Mutterschaftsgeld/Arbeitgeberzuschuss) besteuert wird.

Sozialabgabenfreiheit von Mutterschaftsgeld und Arbeitgeberzuschuss

Das Mutterschaftsgeld und der Arbeitgeberzuschuss sind nicht nur steuer- sondern auch sozialabgabenfrei. Letzteres bedeutet, dass für diese Leistungen keine Sozialabgaben abgeführt werden. Je nach privater Situation kann das unterschiedliche Auswirkungen haben. Der Grundsatz lautet, dass Frauen während des Bezugs von Mutterschaftsgeld in der gesetzlichen Renten-, Pflege-, Kranken- und Arbeitslosenversicherung beitragsfrei versichert bleiben, sofern sie vorher versicherungspflichtig waren. Es ist auf alle Fälle ratsam, die individuelle Situation noch einmal genau zu beleuchten, da sich im Detail einige Unterschiede ergeben können.

Rentenversicherung

Wer gesetzlich rentenversichert ist, für den stellt sich die Lage relativ einfach dar. Während des Bezugs von Mutterschaftsgeld der gesetzlichen Krankenkassen bleibt die (werdende) Mutter in der gesetzlichen Rentenversicherung versichert, wenn sie auch vorher versicherungspflichtig war. Beiträge für das Mutterschaftsgeld sind nicht zu entrichten. Weitere Infos dazu finden sich in der Broschüre »Kindererziehung – Ihr Plus für die Rente«, S. 51.

Für Frauen, die beim Versorgungswerk einer Berufskammer rentenversichert sind, sieht die Situation im Mutterschaftsfall je nach Kammer meist anders aus. Hier empfiehlt sich eine entsprechende Nachfrage beim Versorgungswerk, ob Zeiten der Mutterschutzfristen ohne eine Beitragszahlung überhaupt angerechnet werden (falls nicht, kann dies dann in der Regel bei der gesetzlichen Rentenversicherung beantragt werden), ob ein Mindestbeitrag zu zahlen ist oder eventuell freiwillige Zahlungen zur Rentenaufstockung sinnvoll und machbar sind.

Krankenversicherung

Der Krankenversicherungsschutz besteht während des Mutterschutzes für gesetzlich versicherte Frauen beitragsfrei fort. Das gilt auch für freiwillig Versicherte. Frauen, die privat versichert sind, müssen die Krankenversicherung während der Mutterschutzfristen komplett selbst übernehmen. Zum bisherigen Beitrag kommt also auch noch der Arbeitgeberanteil dazu. Manche Privatversicherungen sehen allerdings im Leistungskatalog eine Beitragsfreiheit während des Mutterschutzes vor.

INTERNET

www.familien-wegweiser.de Webseite des Familienministeriums, mit Informationen in der Rubrik »Familie regional« und unter dem Stichwort »Mutterschutz: Mutterschutzleistungen«.

www.familienplanung.de Webseite der Bundeszentrale für gesundheitliche Aufklärung (BZgA)

www.mutterschaftsgeld.de Webseite des Bundesversicherungsamtes

KOSTENLOSE BROSCHÜRE

»Mutterschutzgesetz – Leitfaden zum Mutterschutz« Broschüre des Familienministeriums mit profunden Informationen zu Schutzvorschriften und finanziellen Leistungen. Bezug beim Publikationsversand der Bundesregierung, Telefon: 01805/778090, E-Mail: publikationen@bundesregierung.de oder im Serviceteil auf www.bmfsfj.de, dort auch als Download.

Elterngeld

Was ist das Elterngeld?

Elterngeld ist eine staatliche Leistung, die Eltern ab der Geburt des Kindes bis zu 14 Monate lang erhalten können, um sich so eine berufliche Auszeit zu erleichtern.

Wie lange wird Elterngeld gezahlt?

Pro Elternteil müssen mindestens zwei Monate Elterngeld beantragt werden, maximal sind zwölf Monate möglich. Insgesamt 14 Monate bekommt ein Paar, wenn auch der Partner Elterngeld beantragt. Bis auf die »mindestens-zwei-Monate-Vorgabe« können die Eltern die Zeiträume frei untereinander aufteilen und nacheinander oder gleichzeitig Elterngeld bekommen.

Alleinerziehende haben wegen des fehlenden Partners Anspruch auf die vollen 14 Monate Elterngeld.

Auf Antrag kann das Elterngeld auch in halber Höhe, dafür aber für die doppelte Anzahl von Monaten bezogen werden.

Es wird für »Lebensmonate des Kindes« gewährt, das heißt die Zahlung beginnt jeweils mit dem Tag, an dem das Kind geboren ist. (Bei der Geburt am 17. eines Monats wird also ab dem 17. gezahlt und nicht etwa zum Monatsbeginn.)

Wer bekommt Elterngeld?

Elterngeld bekommen Eltern, die ihr Kind nach der Geburt selbst betreuen, mit ihm in einem Haushalt leben und im Monatsdurchschnitt nicht mehr als 30 Stunden/Woche erwerbstätig sind.

Das Angebot gilt für Arbeitnehmer genauso wie für Beamte, Azubis, Studenten und Erwerbslose. Auch Adoptiveltern können Elterngeld bekommen.

Keinen Anspruch haben hingegen Großverdiener (wer im Kalenderjahr vor der Geburt gemeinsam mehr als 500 000 Euro zu versteuerndes Einkommen hatte, beziehungsweise 250 000 Euro bei Alleinerziehenden).

Wann beantragt man das Elterngeld?

Das Elterngeld kann erst nach der Geburt beantragt werden, da die Geburtsurkunde benötigt wird. Es gibt keinen vorgeschriebenen Zeitpunkt dafür, am besten aber stellt man den Antrag möglichst bald. Denn rückwirkend kann man nur Geld für die letzten drei Monate vor Beginn des Antragsmonats bekommen. Zudem kann das Elterngeld generell nur in den ersten 14 Lebensmonaten des Babys in Anspruch genommen werden.

> Unser Tipp Wer nach der Geburt so wenig Papierkram wie möglich haben möchte, kann den Großteil des Formulars vorher ausfüllen und den Rest dann ergänzen, wenn das Baby da ist.

Wo und wie beantragt man das Elterngeld?

Das Elterngeld wird bei der zuständigen Elterngeldstelle beantragt. Je nach Wohnort oder manchmal auch Datum der Geburt sind unterschiedliche Behörden für den Antrag zuständig. Die Webseite www.familien-wegweiser.de (➛ Familie regional ➛ Elterngeld) bietet eine gute Postleitzahlensuche, um die zuständige Elterngeldstelle (inkl. Telefonnummern, Adresse, Öffnungszeiten) zu finden.

Der Antrag auf Elterngeld ist schriftlich zu stellen und gemeinsam mit den notwendigen Unterlagen einzureichen.

Sind beide Eltern anspruchsberechtigt, muss der Antrag vom anderen Elternteil ebenfalls unterschrieben werden (Ausnahme: bei alleinigem Sorgerecht).

Die Antragsformulare gibt es bei den Elterngeldstellen, bei vielen Gemeinden, Krankenkassen oder Geburtskliniken oder im Internet. Die Links zu den Internet-Vorlagen der jeweiligen Bundesländer findet man schnell über www.familien-wegweiser.de (➛ Elterngeld ➛ Antragsformulare der Bundesländer).

Einige Behörden bieten die Möglichkeit einer Online-Antragsstellung. Das ist individuell bei der zuständigen Behörde zu erfragen. Auch bei dieser Variante muss jedoch immer noch ein ausgedruckter und unterschriebener Kurzantrag eingereicht werden.

Und: Mittlerweile gibt es auch Anbieter, die gegen eine Gebühr das Ausfüllen des Elterngeldantrags übernehmen, wie zum Beispiel www.elterngeld.net.

Welche Unterlagen benötigt man für den Antrag auf Elterngeld?

Welche Bescheinigungen etc. einzureichen sind, lässt sich meist dem Antragsformular entnehmen. Fehlt etwas, fordert es die Behörde nachträglich ein. Regelmäßig erforderlich sind aber folgende Unterlagen:

- Original Geburtsurkunde oder Geburtsbescheinigung mit Verwendungszweck »Elterngeld«/»Soziale Zwecke«,
- Einkommensnachweise für den geforderten Zeitraum vor der Geburt (zum Beispiel durch Gehaltsabrechnungen, eine Verdienstbescheinigung des Arbeitgebers, Einkommenssteuerbescheide etc.),
- Bescheinigung der Krankenkasse über die Bezugsdauer und Höhe des Mutterschaftsgeldes (bei Beamtinnen Bescheinigung über die Dienstbezüge während des Mutterschutzes),
- Bescheinigung des Arbeitgebers über den Arbeitgeberzuschuss zum Mutterschaftsgeld,
- je nach individueller Situation des Antragstellers verlangt die Behörde darüber hinaus eventuell noch weitere Erklärungen oder Unterlagen.

> Unser Tipp Wer als Arbeitnehmer den monatlichen Gehaltsnachweis in der Firma nur elektronisch bekommt: Alle für den Elterngeldantrag benötigten und schon erhaltenen Nachweise rechtzeitig ausdrucken und mitnehmen, bevor man in den Mutterschutz geht.

Wie viel Elterngeld wird gezahlt?

Das Elterngeld orientiert sich prozentual am monatlichen Nettoeinkommen, das der betreuende Elternteil durchschnittlich in den letzten zwölf Kalendermonaten vor der Geburt des Kindes verdiente. Zur Vereinfachung für die Verwaltung werden dabei bei Eltern, deren Kinder ab 2013 geboren wurden, die Sozialversicherungsabgaben nicht mehr in Höhe ihrer tatsächlichen individuellen Werte abgezogen, sondern mit einem Pauschalsatz von 21 Prozent.

Ersetzt werden bei einem monatlichen Voreinkommen von

- 1240 Euro und mehr: 65 Prozent,
- 1200 Euro: 66 Prozent,
- 1000 bis 1200 Euro: 67 Prozent,
- unter 1000 Euro: schrittweise Erhöhung auf 100 Prozent möglich.

Es gilt also: Je geringer das Einkommen war, desto höher die Ersatzrate. Absolut beträgt das Elterngeld dabei mindestens 300 und maximal 1800 Euro.

Einen guten ersten Überblick geben Elterngeld-Onlinerechner, zum Beispiel auf www.familien-wegweiser.de.

Familien, die noch ein älteres Kind haben, können unter gewissen Voraussetzungen zusätzlich einen Geschwisterbonus in Höhe von 10 Prozent des Elterngelds, mindestens aber 75 Euro, erhalten.

Stolperfallen

Zusätzliche Einnahmen während des Bezugs von Elterngeld

Achtung: Hat man während des Elterngeldbezugs weitere Einnahmen, werden diese unter Umständen ganz oder zum Teil auf das Elterngeld angerechnet. Zum Beispiel können davon auch Weihnachts-/Urlaubsgelder oder Tantiemen betroffen sein, die der Arbeitgeber während der Elternzeit noch anteilig auszahlt, sofern sie in der Lohnabrechnung nicht als »Sonderzahlungen« ausgewiesen sind. Da die offiziellen Auskünfte hierzu leider nicht immer einheitlich sind, ist es am sichersten, sich vorher bei der zuständigen Elterngeldstelle zu erkundigen,

- ob und in welcher Höhe eventuell noch bezogene Tantiemen, Weihnachts-/Urlaubsgeldanteile oder sonstige Einnahmen angerechnet werden beziehungsweise
- ob eine Anrechnung nicht stattfindet, falls man diese Gelder erst nach dem Ende des Elterngeldbezugs gezahlt bekäme.

Anrechnung von Mutterschaftsgeld und Arbeitgeberzuschuss

Ebenfalls voll angerechnet werden nach der Geburt bezogene Mutterschaftsleistungen (zum Beispiel das Mutterschaftsgeld der gesetzlichen Krankenkasse, der Arbeitgeberzuschuss zum Mutterschaftsgeld oder weiter bezahlte Dienstbezüge von Beamtinnen – nicht jedoch das Mutterschaftsgeld des Bundesversicherungsamtes). Hintergrund: Da diese Leistungen demselben Zweck wie das Elterngeld dienen, kann Letzteres nicht zusätzlich gezahlt werden.

Der Trick, das Elterngeld einfach erst ab dem dritten Lebensmonat des Babys zu beantragen, funktioniert leider nicht – denn die ersten zwei Lebensmonate gelten immer automatisch als Elterngeldzeiten der Mutter.

Berechnung des Durchschnittseinkommens bei selbstständiger (Neben-) Tätigkeit

Achtung: Bei Selbstständigen oder Arbeitnehmern, die nebenbei noch durchgängig eine selbstständige Tätigkeit ausübten, wird zur Berechnung des genannten Durchschnittseinkommens unter Umständen nicht an den Zeitraum der letzten zwölf Monate vor der Geburt angeknüpft, sondern an das vor der Geburt liegende Steuer-/Kalenderjahr. Dies kann den Durchschnitt eventuell deutlich verändern.

Elterngeld unterliegt dem Progressionsvorbehalt

Und Vorsicht, das Elterngeld ist zwar steuerfrei, unterliegt aber dem Progressionsvorbehalt. Das heißt, es wird zum versteuernden Einkommen dazugerechnet und anhand dieses Gesamtbetrags wird dann der Steuersatz ermittelt, mit dem das zu versteuernde Einkommen (ohne Elterngeld) besteuert wird.

Unser Tipp Da sich die Höhe des Elterngeldes nach dem Nettoeinkommen vor der Geburt richtet: Rechtzeitig prüfen, ob sich dieses vielleicht noch verbessern und damit auch das Elterngeld steigern lässt. Zum Beispiel lohnt sich bei zusammen veranlagten Ehepartnern eventuell bis zur Geburt ein Wechsel des betreuenden Elternteils in die günstigere Steuerklasse. Der Wechsel muss jedoch so rechtzeitig erfolgen, dass die günstigere Steuerklasse »in der überwiegenden Zahl der Monate des Bemessungszeitraums gegolten hat«, in der Regel also mindestens sieben Monate vor der Geburt. Auch sollte man bei dieser Variante vorher prüfen, ob man sich den Wechsel im Alltag leisten kann, da dem anderen Partner mit der nun ungünstigeren Steuerklasse erst mal (bis zur Steuerklärung) weniger Nettoeinkommen bleibt.

In der Lohnsteuerkarte eingetragene Freibeträge verbessern das Nettoeinkommen in Hinblick auf die Elterngeldberechnung leider nicht, da sie seit Beginn 2013 nicht mehr berücksichtigt werden.

Elterngeld und Mehrlingsgeburten

Bei Mehrlingsgeburten erhöht sich das Elterngeld monatlich jeweils um 300 Euro für jedes weitere Kind. Ende 2011 hat das Bayerische Landessozialgericht jedoch auf eine Klage von Zwillingseltern hin entschieden, dass den Eltern für jeden der beiden Zwillinge das volle Elterngeld zusteht, sofern beide Partner im jeweiligen Zeitraum nicht erwerbstätig sind. Der Fall ging anschließend in die nächsthöhere Instanz (Bundessozialgericht). Eine Entscheidung lag zum Redaktionsschluss dieses Buches leider noch nicht vor, es lohnt sich jedoch sicher, dies weiter zu beobachten.

BÜCHER

Elterngeld. Ralph Jürgen Bährle, Boorberg, 2012.

Mehr Elterngeld. Thomas Stüttgen, Edition Winterwork, 2010.

INTERNET

www.familien-wegweiser.de Webseite des Familienministeriums, die unter dem Stichwort »Elterngeld« umfassende Infos, einen Online-Elterngeldrechner etc. bietet.

www.gesetze-im-internet.de Webseite des Justizministeriums, auf der der Gesetzestext des Bundeselterngeld- und Elternzeitgesetzes (BEEG) zu finden ist.

KOSTENLOSE BROSCHÜRE

Elterngeld und Elternzeit Sehr ausführliche Broschüre des Familienministeriums inklusive einer Auflistung aller Elterngeldstellen. Bezug über den Publikationsversand der Bundesregierung: Telefon: 01805/778090, E-Mail: publikationen@bundesregierung.de, auch im Serviceteil auf www.bmfsfj.de als Download erhältlich.

Kindergeld

Was ist das Kindergeld?

Das Kindergeld ist eine staatliche Geldleistung zur finanziellen Entlastung von Familien mit Kindern, unabhängig von deren Einkommen.

Wer bekommt das Kindergeld?

Kindergeld bekommen in der Regel die Eltern, unter Umständen aber zum Beispiel auch Groß- oder Pflegeeltern. Pro Kind kann immer nur eine Person Kindergeld erhalten. Leben die Eltern zusammen (unerheblich ob verheiratet oder nicht), können sie untereinander festlegen, wer von ihnen das Kindergeld erhält. Ansonsten wird es an den Elternteil gezahlt, bei dem das Kind lebt.

Wann beantragt man das Kindergeld?

Das Kindergeld kann ab der Geburt beantragt werden. Der Anspruch auf das Kindergeld verjährt zwar erst nach vier Jahren, einfacher ist es aber, den Antrag möglichst bald nach der Geburt zu stellen. Sonst verlangt die Familienkasse eventuell weitere Nachweise (zum Beispiel eine Begründung, weshalb der Antrag nicht früher gestellt wurde, oder sie fordert die Vorlage einer Haushaltsbescheinigung der Meldebehörde).

Wo und wie beantragt man das Kindergeld?

Das Kindergeld ist schriftlich bei den Familienkassen der Bundesagentur für Arbeit zu beantragen. Die zuständige Familienkasse sowie Antragsvordrucke findet man unter www.familienkasse.de (Suchwort »Ortsverzeichnis der Familienkassen«) oder auch über www.familien-wegweiser.de (zuständige Familienkasse: ➛ Familie regional ➛ Kindergeld; Antragsformular: ➛ Familie regional ➛ Kindergeld ➛ Antragsformular ➛ Antrag auf Kindergeld). Beamte oder Angestellte des öffentlichen Dienstes können sich in der Regel auch an ihren Dienstgeber wenden.

Für Fragen steht das Servicetelefon der Familienkassen von Montag bis Freitag, 8 bis 18 Uhr, unter der Telefonnummer 01801/546337 zur Verfügung.

Welche Unterlagen benötigt man für den Antrag auf Kindergeld?

Es wird die Geburtsurkunde oder Geburtsbescheinigung mit dem Verwendungszweck »Kindergeld« im Original benötigt.

Wie viel und wie lange wird das Kindergeld gezahlt?

Gezahlt werden:

- 184 Euro monatlich für das erste und zweite Kind,
- 190 Euro für das dritte Kind,
- 215 Euro monatlich für das vierte und jedes weitere Kind.

Gezahlt wird für alle Kinder bis zum 18. Lebensjahr, für Kinder in Ausbildung bis zum 25. Lebensjahr und für arbeitslose Kinder bis zum 21. Lebensjahr.

Kindergeld und steuerlicher Kinderfreibetrag

Zusätzlich zum Kindergeld gibt es für alle Eltern den Kinderfreibetrag. Bei der Steuererklärung wird die daraus resultierende Steuerersparnis allerdings automatisch vom Finanzamt mit dem Kindergeld verrechnet (sogenannte »Günstigerprüfung«) und ist so nur für Besserverdiener steuerlich interessant.

INTERNET

www.familien-wegweiser.de Webseite des Familienministeriums, die unter dem Stichwort »Kindergeld« viele nützliche und umfassende Infos zum Thema gibt.

www.familienkasse.de Informationsseite der Bundesagentur für Arbeit.

www.gesetze-im-internet.de Auf dieser Webseite des Justizministeriums findet man den aktuellen Gesetzestext des Bundeskindergeldgesetzes (BKGG).

KOSTENLOSE BROSCHÜRE

Merkblatt »Kindergeld« des Familienministeriums. Bezug über den Publikationsversand der Bundesregierung, Telefon: 01805/ 778090, E-Mail: publikationen@bundesregierung.de oder über www.bmfsfj.de (➛ Service ➛ Publikationen ➛ Suchwort »Kindergeld«), dort auch als Download.

Landeserziehungsgeld

Was ist das Landeserziehungsgeld?

Das Landeserziehungsgeld ist eine einkommensabhängige Geldleistung, die nach dem Elterngeld die Möglichkeit bieten soll, das Kind noch einige Zeit (überwiegend) selbst zu betreuen. Es wird lediglich in vier Bundesländern gezahlt: Sachsen, Thüringen, Baden-Württemberg (nur noch für Kinder, die vor dem 01. 10. 2012 geboren/adoptiert wurden) und Bayern.

Wer bekommt das Landeserziehungsgeld?

Eltern, deren Familien-/Alleinerziehenden-Einkommen eine gewisse Jahreshöchstgrenze nicht überschreitet, können Landeserziehungsgeld beziehen. Die Einkommensgrenze ist je nach Bundesland verschieden, in der Regel aber relativ niedrig. In Sachsen gibt es kein Landeserziehungsgeld, wenn das jährliche Familieneinkommen 17 100 Euro übersteigt, in Bayern liegt die Grenze aktuell bei 25 000 Euro.

In Bayern lässt sich mit einem Online-Landeserziehungsgeldrechner schnell ermitteln, ob ein Anspruch in Betracht kommt: www.erziehungsgeld.bayern.de/land-rechner.

Wann beantragt man das Landeserziehungsgeld?
Die Antragsfristen sowie die Zeiträume, für die maximal rückwirkend gezahlt wird, sind in jedem Bundesland verschieden. Genaue Auskünfte geben die jeweiligen Antragsstellen.

Wie und wo beantragt man das Landeserziehungsgeld?
Der Antrag auf Landeserziehungsgeld ist schriftlich zu stellen. Links zu allen Antragsformularen der jeweiligen Bundesländer findet man zum Beispiel schnell über www.familien-wegweiser.de (➛ Service ➛ Formulare).

Wo man das Landeserziehungsgeld beantragt, ist von Bundesland zu Bundesland verschieden. Hier ein erster Wegweiser:

- **Sachsen:** Zu beantragen bei den Eltern- und Erziehungsgeldstellen der Landratsämter, zu finden über die Webseite www.familie.sachsen.de (Suchwort »Kontaktdaten der Eltern- und Erziehungsgeldstellen«).
- **Thüringen:** Der Antrag ist zu richten an die Thüringer Erziehungsgeldstellen, zu finden auf www.thueringen.de (schnellster Weg dorthin: bei Google »Thüringer Erziehungsgeldstellen« eingeben).
- **Baden-Württemberg:** Der Antrag ist bei der L-Bank in Karlsruhe zu stellen, www.l-bank.de.

- **Bayern:** Die Anträge sind hier an die zuständige Regionalstelle des Zentrums Bayern Familie und Soziales zu schicken. Diese sind zu finden über www.zbfs.bayern.de (➛ Landeserziehungsgeld ➛ Adressenliste).

Welche Unterlagen benötigt man für den Antrag auf Landeserziehungsgeld?

Je nach Bundesland sind die Anforderungen an die vorzulegenden Unterlagen sehr unterschiedlich. Welche man benötigt, ist den jeweiligen Antragsformularen und deren Merkblättern zu entnehmen.

Wie viel und wie lange wird das Landeserziehungsgeld gezahlt?

Beträge und Bezugsdauer unterscheiden sich je nach Bundesland und Anzahl beziehungsweise Alter der Kinder. Die Spanne reicht von 150 Euro pro Monat für das erste Kind bis zu 300 Euro pro Monat für das dritte und jedes weitere Kind. Die Bezugsdauer reicht von mindestens fünf bis zu maximal zwölf Monaten.

INTERNET

www.familie.sachsen.de (➛ Leistungen für Familien)

www.thueringen.de (➛ Soziales ➛ TMSFG ➛ Familie ➛ Familienpolitik ➛ Thüringer Erziehungsgeld)

www.sozialministerium-bw.de (➛ Familien mit Kindern ➛ Leistungen für Familien) oder www.l-bank.de (➛ Privatpersonen ➛ Elterngeld und Erziehungsgeld)

www.erziehungsgeld.bayern.de

KOSTENLOSE BROSCHÜREN

Landeserziehungsgeld – Eine Leistung für Eltern in Sachsen Broschüre des sächsischen Sozialministeriums, zu bestellen oder als Download über www.sachsen.de (➛ Bürgerservice ➛ Publikationen ➛ Landeserziehungsgeld).

Bayerisches Landeserziehungsgeld Broschüre des bayerischen Sozialministeriums, zu bestellen oder als Download erhältlich bei www.verwaltung.bayern.de (➛ Service-Center ➛ Broschüren bestellen ➛ Landeserziehungsgeld).

Kinderzuschlag

Was ist der Kinderzuschlag?

Der Kinderzuschlag ist eine Sozialleistung des Staates. Er wird an Eltern gezahlt, die mit ihrem Einkommen nicht für den Kindesunterhalt aufkommen können.

Wer bekommt den Kinderzuschlag?

Eltern, deren Kinder bei ihnen leben, unverheiratet und unter 25 Jahre alt sind, haben Anspruch auf den Kinderzuschlag, wenn sie zwar den eigenen, nicht aber den Kindesunterhalt bestreiten können. Das heißt, die monatlichen Einnahmen der Eltern erreichen mindestens 900 Euro (600 Euro für Alleinerziehende), liegen aber unter der Höchsteinkommensgrenze. Die Höchsteinkommensgrenze ist dabei je nach Einzelfall zu berechnen. Sie hängt von Faktoren wie Wohnkosten, dem Bedarf zur Sicherung des Lebensunterhaltes etc. ab.

Wann beantragt man den Kinderzuschlag?

Der Kinderzuschlag sollte so schnell wie möglich beantragt werden, da für die Monate vor der Antragstellung nichts gezahlt wird.

Wo und wie beantragt man den Kinderzuschlag?

Der Kinderzuschlag wird schriftlich bei den Familienkassen der Bundesagentur für Arbeit beantragt. Die zuständige Familienkasse findet man auf www.familienkasse.de (Suchwort »Ortsverzeichnis der Familienkassen«), die Antragsformulare auf der Webseite www.kinderzuschlag.de oder über den Link auf www.

familien-wegweiser.de (➛ Kinderzuschlag ➛ Externe Links zum Thema ➛ Antragsformulare).

Servicetelefon der Familienkassen: 01801/546337, Montag bis Freitag, 8 bis 18 Uhr.

Die sogenannten Leistungen für Bildung und Teilhabe (Möglichkeiten für Kinder an Bildungs-, Sport- oder Freizeitaktivitäten teilzunehmen) sind bei der zuständigen kommunalen Stelle zu beantragen.

Welche Unterlagen benötigt man für den Antrag auf Kinderzuschlag?

Zusammen mit dem Antragsformular sind die darin angegebenen Einkommens- und Vermögensnachweise vorzulegen.

Wie viel und wie lange wird der Kinderzuschlag gezahlt?

Der maximal mögliche Kinderzuschlag beträgt für jedes im gemeinsamen Haushalt lebende Kind 140 Euro pro Monat. Zusätzlich gibt es für die Kinder die Möglichkeit, an Bildungs-, Sport- oder Freizeitaktivitäten teilzunehmen (sogenannte Bildungs- und Teilhabeleistungen). Bei Vorliegen der Voraussetzungen wird der Kinderzuschlag längstens bis zur Vollendung des 25. Lebensjahres gezahlt.

INTERNET

www.kinderzuschlag.de Eltern, die einen Kinderzuschlag beanspruchen möchten, werden über diese Adresse zur Webseite der Bundesagentur für Arbeit geleitet. Dort gibt es einen Überblick der wichtigsten Regelungen.

www.familien-wegweiser.de Webseite des Familienministeriums mit Informationen zum Kinderzuschlag (➛ Kinderzuschlag. Und: ➛ Bildung und Teilhabe)

www.gesetze-im-internet.de Webseite des Justizministeriums, auf der sich der Gesetzestext des Bundeskindergeldgesetzes (BKGG) findet.

KOSTENLOSE BROSCHÜRE

Merkblatt Kinderzuschlag Enthält alle Informationen zum Kinderzuschlag, Bezug über den Publikationsversand der Bundesregierung, Telefon: 01805/778090, E-Mail: publikationen@bundesregierung.de oder auf www.bmfsfj.de (➛ Service ➛ Publikationen ➛ Suchwort »Kinderzuschlag«), dort auch als Download.

Unterhaltsvorschuss

Was ist der Unterhaltsvorschuss?

Der Unterhaltsvorschuss ist eine Leistung des Jugendamts für Alleinerziehende, die keinen ausreichenden beziehungsweise regelmäßigen Kindesunterhalt bekommen.

Wer bekommt den Unterhaltsvorschuss?

Anspruch auf den Unterhaltsvorschuss hat, wer alleinerziehend ist und vom anderen Elternteil zu wenig, nur unregelmäßig oder gar keinen Kindesunterhalt bekommt. Ein gerichtliches Unterhaltsurteil braucht man dafür nicht, auch das Einkommen des alleinerziehenden Elternteils spielt keine Rolle.

Zahlt der andere Elternteil doch, wird das auf den Unterhaltsvorschuss angerechnet. Zahlt er nicht, übernimmt es der Staat, die gezahlten Vorschüsse von ihm zurückzuverlangen. Heiratet der Alleinerziehende einen neuen Partner, endet der Anspruch.

Wann beantragt man den Unterhaltsvorschuss?

Der Antrag auf einen Unterhaltsvorschuss ist möglichst bald zu stellen, denn rückwirkend wird nur für den Monat vor Eingang des Antrags gezahlt.

Wo und wie beantragt man den Unterhaltsvorschuss?

Der Antrag wird schriftlich beim örtlichen Jugendamt gestellt, wo es ebenfalls die Antragsformulare gibt, meist auch online auf deren Webseite. Auf Wunsch wird einem beim Ausfüllen geholfen.

Über www.familien-wegweiser.de (➛ Familie regional ➛ Unterhaltsvorschuss) ist das zuständige Jugendamt herauszufinden.

Welche Unterlagen benötigt man für den Antrag auf Unterhaltsvorschuss?
Je nach Antragsformular sind unterschiedliche Nachweise für die dort gemachten Angaben beizulegen.

Wie viel und wie lange wird der Unterhaltsvorschuss gezahlt?
Monatlich werden 133 Euro für Kinder bis sechs Jahre, danach 180 Euro gezahlt. Die Leistung erhält man maximal 72 Monate lang und längstens bis das Kind zwölf Jahre alt wird.

INTERNET

www.familien-wegweiser.de Webseite des Familienminsteriums mit weiteren Informationen unter Familie Regional ➛ Unterhaltsvorschuss

KOSTENLOSE BROSCHÜRE

Der Unterhaltsvorschuss Broschüre des Familienministeriums. Bezug über den Publikationsversand der Bundesregierung, Telefon: 01805/778090, E-Mail: publikationen@bundesregierung.de oder über www.bmfsfj.de (➛ Service ➛ Publikationen ➛ Suchwort »Unterhaltsvorschuss«). Dort auch als Download verfügbar.

Betreuungsgeld

Das Betreuungsgeld, umgangssprachlich auch irreführend »Herdprämie« genannt, ist ein Projekt aus dem CDU/CSU/FDP-Koalitionsvertrag von 2009 und soll ab 01. August 2013 eingeführt werden. Eltern, die keinen öffentlich geförderten Krippenplatz in Anspruch nehmen, sollen für jedes Kind, das nach dem 31. Juli 2012 geboren wurde, monatlich eine staatliche finanzielle Unterstützung in Höhe von zunächst 100 Euro, ab 01. August 2014 dann 150 Euro erhalten. Das Betreuungsgeld soll nur zwischen dem 13. und 36. Lebensmonat des Kinds in Anspruch genommen werden können, insgesamt jedoch höchstens für 24 Monate. Auch soll der gleichzeitige Bezug von Elterngeld und Betreuungsgeld ausgeschlossen sein. Eltern, die die gesamten 14 Monate Elterngeld in Anspruch nehmen, sollen also frühestens ab dem 15. Lebensmonat ihres Kindes Betreuungsgeld bekommen können.

Wer sich statt der staatlichen Krippe um das Kind kümmert, soll dabei keine Rolle spielen. Es muss also nicht die Mutter selbst, sondern das können zum Beispiel auch die Großeltern, Tageseltern, eine Vertrauensperson oder eventuell sogar eine nicht öffentlich geförderte Krippe sein. In jedem Fall aber soll das Geld unabhängig davon gezahlt werden, ob und in welchem Umfang die Eltern einer Berufstätigkeit nachgehen. Das Betreuungsgeld knüpft nicht daran an, dass der Vater oder die Mutter ihre Arbeitstätigkeit reduzieren oder gar aufgeben. Das Betreuungsgeld soll auch zur privaten Altersvorsorge genutzt werden oder als Bildungsguthaben für die spätere Ausbildung des Kindes angelegt werden können. Für beide Fälle ist ein zusätzlicher Bonus von 15 Euro pro Monat geplant. Welche Behörden das Betreuungsgeld auszahlen werden, ist erst noch von den Landesregierungen zu bestimmen. Teilweise ist geplant, den Eltern, die Elterngeld beziehen, unaufgefordert bereits vorausgefüllte Anträge für das neue Betreuungsgeld zuzusenden (Stand April 2013).

Weitere Gelder

Es lohnt sich zu recherchieren, ob das eigene Bundesland oder die eigene Gemeinde/Stadt eventuell noch weitere Leistungen anbietet. Im brandenburgischen Angermünde oder in den bayerischen Gemeinden Tiefenthal und Erlenbach beispielsweise erhält jedes Neugeborene 100 Euro Begrüßungsgeld, die Stadt Zwickau zahlt 100 Euro beim Nachweis der Vorsorgeuntersuchungen U1 bis U7, Hessen bietet eine Familienkarte mit vielen Vorteilen (darunter eine kostenlose Unfallversicherung bis zum Schulbeginn), Saarbrücken gewährt für die ersten drei Jahre einen Windelbonus von 25 Euro pro Jahr, im bayerischen Unterföhring übernimmt die Gemeinde die Kosten für Krippen und Kindergärten, viele Kommunen unterstützen Familien mit Kindern beim Hauskauf/-bau (➛ www.aktion-pro-eigenheim.de ➛ Fördermittel) und so weiter.

Krankenversicherung für Eltern und Kind

Krankenversicherung für die Mutter bzw. den Vater

Krankenversicherung während der Mutterschutzfristen vor und nach der Geburt

Der Grundsatz lautet, dass Frauen während des Bezugs von bzw. Anspruchs auf Mutterschaftsgeld in der gesetzlichen Krankenversicherung beitragsfrei versichert bleiben, sofern sie vorher versicherungspflichtig waren. Das gilt auch für freiwillig gesetzlich Versicherte.

Frauen, die privat versichert sind, müssen die Krankenversicherung während der Mutterschutzfristen komplett selbst übernehmen, zum bisherigen Beitrag kommt also auch noch der Arbeitgeberanteil dazu. Manche Privatversicherungen sehen allerdings im Leistungskatalog eine Beitragsfreiheit während des Mutterschutzes vor.

Krankenversicherung in der Elternzeit

In der gesetzlichen Krankenkasse besteht der Versicherungsschutz regelmäßig auch während der Elternzeit beitragsfrei weiter.

Freiwillig gesetzlich versicherte Frauen sind zwar bis zum Ende der Mutterschutzfrist nach der Geburt ebenfalls noch beitragsfrei krankenversichert, danach müssen sie in der Elternzeit jedoch Krankenversicherungsbeiträge bezahlen. Das gilt auch für freiwillig gesetzlich versicherte Väter in der Elternzeit. Wie hoch der monatliche Beitrag ist, hängt von verschiedenen Faktoren ab, die individuell bei der Krankenkasse erfragt werden sollten. Meist

ist es ein sogenannter Mindestbeitrag. Für Verheiratete wird es jedoch bereits komplexer: Ist zum Beispiel der Ehepartner privat krankenversichert, kann sich das leider auch auf die Höhe des Monatsbeitrags des freiwillig gesetzlich versicherten Elternteils auswirken (da die Krankenkasse dann möglicherweise das Gehalt des privat versicherten Elternteils zur Beitragsberechnungsgrundlage ganz oder teilweise hinzurechnet).

Privat Krankenversicherte (Mütter wie Väter) sind auch in der Elternzeit voll beitragspflichtig. Einige Privatversicherungen sehen jedoch in speziellen Tarifen für gewisse Zeiträume des Elterngeldbezugs eine Beitragsfreiheit vor.

Die für den Einzelfall zutreffende Information kann dabei letztlich nur die eigene Krankenversicherung geben.

Krankenversicherung für das Kind

Wahl der Krankenversicherung

Auch das neugeborene Baby braucht bereits eine Krankenversicherung. Wie beziehungsweise wo das Kind zu versichern ist, hängt von der Krankenversicherungssituation der Eltern ab:

- Sind beide Eltern in einer gesetzlichen Krankenversicherung (GKV) versichert, so kann in der Regel das Kind bei einem Elternteil in dessen GKV beitragsfrei familienversichert werden. Sind die Eltern nicht bei derselben gesetzlichen Krankenkasse, können sie wählen, bei wem das Kind mitversichert sein soll.
- Sind die Eltern verheiratet und nur ein Elternteil ist gesetzlich versichert, der andere jedoch privat, und ist dazu der privat

Unser Tipp In gewissen Konstellationen ist der Arbeitgeber verpflichtet, einen Beitragszuschuss auch zur (privaten) Krankenversicherung des Kindes seines Arbeitnehmers zu leisten. Wichtig ist dabei vor allem, dass der Arbeitgeber mit seinem Zuschuss zur (privaten) Krankenversicherung des Elternteils noch nicht den Maximal-Arbeitgeberanteil (dieser liegt grob bei 300 Euro) erreicht hat. Es kann sich also auf jeden Fall lohnen, sich nach dieser Möglichkeit zu erkundigen.

versicherte Elternteil der Hauptverdiener mit einem regelmäßig höherem Gesamteinkommen als die monatliche Versicherungspflichtgrenze (2013: 4350 Euro), kann das Kind leider nicht beitragsfrei bei dem Elternteil mit der GKV familienmitversichert werden.

- Für nicht miteinander verheiratete Eltern gilt das jedoch nicht. Ist die unverheiratete Mutter also gesetzlich versichert, kann das Kind in ihrer Krankenkasse familienversichert werden, auch wenn der Vater privat versichert ist. Achtung: Heiraten die Eltern später, dann gilt wieder die eingangs beschriebene Situation.

- Kann das Kind nicht in die Familienversicherung, ist es selbst beitragspflichtig. Immerhin hat man die Wahl: Es kann entweder als freiwilliges Mitglied in einer gesetzlichen Krankenversicherung (GKV) versichert werden oder in einer privaten Krankenversicherung (PKV). Da nur sehr wenige der PKVs Kinder aufnehmen, deren Elternteil nicht ebenfalls bei ihnen versichert ist, wird bei der Entscheidung für eine PKV für das Kind die Wahl in den meisten Fällen auf diejenige fallen, in der auch der Elternteil versichert ist. Was wiederum den Vorteil hat, dass die Versicherung das Kind mit dem Tarif versichern muss, den auch der Elternteil hat.

- Sind beide Eltern privat versichert, muss auch für das Kind eine eigene private Krankenversicherung abgeschlossen werden.

Wann und wie muss das Kind bei der Krankenversicherung angemeldet werden?

Die Anmeldung sollte möglichst bald nach der Geburt erfolgen. Wer länger als zwei Monate wartet, läuft Gefahr, dass die Krankenversicherung eine Gesundheitsprüfung verlangt. Meist genügt ein Anruf bei der Versicherung der Wahl, die daraufhin einen Fragebogen zusendet, den man ausgefüllt und unterschrieben zusammen mit einer Kopie der Geburtsurkunde zurückschickt.

Wird das Kind bei der Mutter versichert, reicht oft die Geburtsurkunde des Kindes, die der Kasse zur Beantragung des Mutterschaftsgeldes für die Schutzfrist nach der Geburt vorgelegt wird.

Das Kind bekommt dann eine eigene Versichertenkarte der Krankenkasse.

Ab wann greift der Versicherungsschutz?

Mit der Anmeldung ist das Kind in der Regel rückwirkend ab der Geburt versichert.

INTERNET

www.familien-wegweiser.de Webseite des Familienministeriums, mit weiteren Informationen unter dem Stichwort »Krankenversicherung«.

www.gesetze-im-internet.de Auf dieser Seite des Justizministeriums findet man den aktuellen Gesetzestext des Sozialgesetzbuchs Fünftes Buch Gesetzliche Krankenversicherung (SGB V).

KOSTENLOSE BROSCHÜRE

Ratgeber zur gesetzlichen Krankenversicherung Broschüre des Bundesministeriums für Gesundheit. Als Download auf www.bmg.bund.de (➛ Publikationen) erhältlich.

Versicherungen: Genug oder mehr?

Zugegeben – wer kümmert sich schon gerne um Versicherungen? Aber mit der Ankunft des ersten Kindes sollte man seine bestehenden Versicherungen prüfen, gegebenenfalls anpassen und eventuell weitere abschließen. Ausführliche Recherche und Gespräche mit unabhängigen Beratern und Maklern sind unerlässlich.

Kinderunfallversicherung

Es gibt zwar eine gesetzliche Unfallversicherung, diese deckt aber nur Unfälle in staatlich anerkannten Krippen, Kindergärten und Schulen ab, sowie auf dem Weg zur und von der Einrichtung. Sobald das Kind aber vom direkten Weg abweicht (um zum Beispiel einen Freund zu besuchen), greift diese gesetzliche Versicherung nicht mehr. Bei der privaten Kinderunfallversicherung werden alle Unfälle abgedeckt. Das Kind hat je nach Versicherung Anspruch auf verschiedene Leistungen, wie Heil- und Behandlungskosten, Rentenzahlungen und Rehabilitation.

Kinderinvaliditätsversicherung

Mit einer Kinderinvaliditätsversicherung decken Eltern vorsorglich den Fall ab, dass das Kind durch einen Unfall sehr krank oder schwerbehindert werden sollte. Diese Versicherung ist im Vergleich zur privaten Kinderunfallversicherung deutlich teurer, da sie neben dem Unfall selbst auch die Folgen einer Krankheit absichert. Laut Stiftung Warentest (2010) haben sich nur 0,45 Prozent schwerbehinderter Kinder ihre Behinderung durch einen Unfall zugezogen. Allerdings zahlen die meisten Versicherungen erst, wenn dem Kind eine Behinderung von 50 Prozent oder mehr bescheinigt wird. Die Versicherungen bieten Policen mit einer einmaligen Auszahlung oder dauerhaften Rentenauszahlung an.

Private Krankenzusatzversicherungen fürs Kind

Ist das Kind in der Familienversicherung gesetzlich krankenversichert, ist eventuell eine private Zusatzversicherung sinnvoll. Damit kann man das Kind in verschiedenen Bereichen über die Grundversorgung der gesetzlichen Krankenkasse hinaus versichern. Dazu gehören besondere Leistungen bei einem Krankenhausaufenthalt (Chefarztbehandlung, Zweibettzimmer) oder eine Zahnzusatzversicherung.

Berufsunfähigkeitsversicherung

Mit einer Berufsunfähigkeitsversicherung können Eltern vorsorgen, falls sie wegen dauerhafter Erkrankung ihren Beruf aufgeben müssen. In diesem Fall springt die Versicherung mit einer Rentenzahlung über die vereinbarte Laufzeit des Vertrages ein. Da die volle Erwerbsminderungsrente der gesetzlichen Rentenversicherung nur dann gezahlt wird, wenn man täglich nicht mehr als drei Stunden arbeiten kann, sollte man eine private Berufsunfähigkeitsversicherung in Betracht ziehen. Denn selbst die volle Erwerbsminderungsrente fällt nicht besonders hoch aus. Aufgrund der Vielzahl an Angeboten mit unterschiedlichen Vertragsbedingungen ist es gerade hier ratsam, sich von einem Makler oder Berater informieren zu lassen.

Haftpflichtversicherung

Eine Haftpflichtversicherung sollte jeder haben, denn sie übernimmt sämtliche Personen-, Sach- oder Vermögensschäden, die man anderen im privaten Bereich zufügt. Zieht ein Paar zusammen und besitzen beide eine Haftpflichtversicherung, kann der »jüngere« Vertrag außerhalb der Kündigungsfrist gekündigt werden. Ist man verheiratet, darf keine Doppelversicherung bestehen! Kinder sind in der Haftpflicht ihrer Eltern automatisch mitversichert (sofern sie keinen Singletarif gewählt haben), allerdings macht es gegebenenfalls Sinn, die Leistungen anzupassen: Kinder unter sieben Jahren sind nicht haftbar für Schäden. Einige Versicherungen bieten aber Policen an, die im Falle eines Falles trotzdem aufkommen.

Lebensversicherung

Viele Eltern entscheiden sich für eine Risikolebensversicherung, um im Todesfall den überlebenden Elternteil und die Kinder finanziell abzusichern. Anders als bei einer Kapitallebensversicherung zahlt die Risikolebensversicherung nur im Todesfall, es gibt also keine Auszahlung im Alter. Deshalb sind die Beiträge günstiger als bei einer Kapitallebensversicherung. Gerade wenn es nur einen Hauptverdiener in der Familie gibt, kann sie im Ernstfall eine gute Absicherung für die Hinterbliebenen sein.

Riester-Rentenversicherung

Die Riester-Rente ist eine vom Staat geförderte, aber privat finanzierte Rente. Zulageberechtigt sind alle rentenversicherungspflichtigen Arbeitnehmer und Selbstständige, die in der gesetzlichen Rentenversicherung pflichtversichert sind. Der Mindestbetrag, den man in die Riester Rente jährlich einbezahlen muss, ist abhängig vom Einkommen. Der Staat zahlt jedem Riester Sparer 154 Euro Zulage und für jedes seit 2007 geborene Kind 300 Euro pro Jahr. Für Eltern gilt: Während man Elterngeld bezieht, muss man nur den Grundbetrag von 60 Euro/Jahr leisten, um in den vollen Genuss der staatlichen Zulagen zu kommen.

Unser Tipp Hat man bereits eine Riester-Rente vor Geburt des Kindes abgeschlossen, sollte man unbedingt frühzeitig die Kinderzulage beantragen, da der Prüfungsprozess relativ lange dauert!

BÜCHER

Der Versicherungs-Ratgeber. Stiftung Warentest, 2012.

Spezial Versicherungen. Stiftung Warentest, 2012.

Richtig gut versichern. Richtig gut vorsorgen. Ökotest Ratgeber, 2011.

WISO. Versicherungsberater. Thomas J. Cramer, Kai Dietrich, Campus, 2010.

INTERNET

www.test.de Stiftung Warentest bietet gegen ein geringes Entgelt personalisierte Analysen zu verschiedensten Versicherungen. Auf der Internetseite im Suchfeld »Analysen« eingeben, dann erfolgt eine Übersicht für welche Versicherungen der Service verfügbar ist.

www.oekotest.de Ökotest bietet viele Informationen zum Thema Versicherungen sowie kostenpflichtige Testergebnisse als Download.

Steuer-Themen

Was man in einer Steuererklärung geltend machen kann, ist abhängig von der jeweiligen Lebenssituation: ist man verheiratet oder unverheiratet, angestellt oder selbstständig, wie hoch ist das Einkommen und von vielen weiteren Faktoren. Steuern sind ein sehr komplexes Thema, und da unsere Informationen natürlich keinen Steuerberater ersetzen können, ist es ratsam, sich entsprechend der eigenen Situation damit auseinanderzusetzen. Dennoch soll dieses Kapitel einen kurzen Überblick zum Thema Steuererleichterungen für Eltern geben. Was muss beantragt werden, welche Freibeträge gibt es, was kann abgesetzt werden?

Freibeträge

Um Freibeträge geltend machen zu können, ist es wichtig, das Kind nach der Geburt in die jeweilige Lohnsteuerkarte der Eltern eintragen zu lassen.

Was sind der Kinderfreibetrag und der Freibetrag für Betreuungs-, Erziehungs- und Ausbildungsbedarf?

Beim Kinderfreibetrag wird ein bestimmter Geldbetrag steuerfrei gestellt. Die Höhe des Kinderfreibetrages kann sich jährlich aufgrund von steuerpolitischen Entscheidungen ändern. Ein Anspruch auf den Kinderfreibetrag besteht vom Geburtsmonat des Kindes an, so lange wie auch Anspruch auf das Kindergeld besteht. Das heißt: bis zum 18. Lebensjahr, in bestimmten Fällen auch länger, zum Beispiel bei Kindern in Ausbildung.

Neben dem Kinderfreibetrag gibt es seit 2002 den Freibetrag für Betreuungs-, Erziehungs- und Ausbildungsbedarf, kurz Erziehungsfreibetrag genannt.

Der Kinderfreibetrag und der Erziehungsfreibetrag stehen jedem Elternteil zu! Er kann auf Antrag auch auf einen Stiefelternteil oder Großelternteil übertragen werden, wenn dieser das Kind in seinem Haushalt aufgenommen hat.

Wichtig ist: Die Freibeträge werden erst bei einer Günstigerprüfung in der Steuererklärung vom Finanzamt berücksichtigt. Diese Prüfung wird immer automatisch durchgeführt. Sind die Freibeträge günstiger als das gezahlte Kindergeld, wird die Differenz zwischen Einkommensteuerersparnis aus den Freibeträgen und dem ausgezahlten Kindergeld vom Finanzamt erstattet.

Wie erfolgt der Eintrag des Kindes in die Lohnsteuerkarte?

Das Kind muss nach der Geburt auf der Lohnsteuerkarte der Eltern eingetragen werden, damit entsprechende Freibeträge wahrgenommen werden können. Für die Eintragung oder Änderung der Kinderfreibeträge ist inzwischen das Finanzamt zuständig (früher: Einwohnermeldeamt). Man kann die Eintragung beim zuständigen Finanzamt persönlich vornehmen lassen und benötigt dazu die Geburtsurkunde des Kindes und den eigenen Personalausweis. Ein schriftlicher Antrag beim zuständigen Finanzamt ist auch möglich.

Besteuerung von Elterngeld und Mutterschaftsgeld

Elterngeld und Mutterschaftsgeld sind sogenannte Lohnersatzleistungen. Sie sind zwar steuerfrei, erhöhen aber den Steuersatz durch den sogenannten Progressionsvorbehalt. Das Elterngeld wird dem zu versteuernden Einkommen hinzugerechnet, der sich aus der Steuertabelle ergebende Steuersatz abgelesen und auf das zu versteuernde Einkommen ohne Elterngeld angewendet. Das heißt, das Elterngeld selbst bleibt steuerfrei, beeinflusst aber die steuerpflichtigen Einkünfte. Es kann somit zu Steuernachzahlungen kommen.

Kinderbetreuungskosten

Die steuerliche Absetzbarkeit von Kinderbetreuungskosten gilt für Aufwendungen für Betreuungsdienstleistungen, wie Kita, Kindergarten oder eine Tagesmutter. Abziehbar sind zwei Drittel dieser Aufwendungen, jedoch maximal 4000 Euro pro Kalenderjahr und Kind. Die Aufwendungen sind als Sonderausgaben abzugsfähig. Die Steuervergünstigung gilt für alle Kinder (leibliche und Pflegekinder) bis zum Alter von 14 Jahren (bei behinderten Kindern unbegrenzt). Voraussetzung für den Abzug in der Steuererklärung ist ein Nachweis der angefallenen Aufwendungen. Die Zahlungen haben auf ein Bankkonto der leistenden Person oder Einrichtung zu erfolgen.

Unser Tipp Barzahlungen können nicht steuerlich abgesetzt werden! Deshalb Beträge für Kinderbetreuung unbedingt überweisen.

INTERNET

www.elster.de Das Internetportal zur elektronischen Lohnsteuerkarte. Alles Wissenswerte rund um die Lohnsteuerkarte, sowie Registrierung und Zugriff auf die elektronische Lohnsteuerkarte.

www.finanzamt.de Internetseite des Bundeszentralamtes für Steuern. Informationen und Links zu den Finanzverwaltungen der Länder.

www.familien-wegweiser.de Informationsseite des Familienministeriums. Stichwortsuche nach allen relevanten Themen möglich.

KOSTENLOSE BROSCHÜREN

Lohnsteuer 2013 – Der kleine Ratgeber für Lohnsteuerzahler. Herausgegeben von den obersten Finanzbehörden der Länder. Da der Ratgeber als Download auf verschiedenen Seiten verfügbar ist und jährlich aktualisiert wird, am besten über eine Suchmaschine wie Google o.ä. suchen.

Steuertipps für alle Steuerzahlenden. Stand 2012. Herausgegeben vom Finanzministerium des Landes Nordrhein-Westfalen. Als Download erhältlich im Serviceteil auf www.fm.nrw.de. (➤ Service ➤ Broschüren).

Geldanlage für das Baby

Wer neben den laufenden Kosten noch Geld übrig hat oder Geldgeschenke für das Baby erwartet und bereits jetzt eine Vermögensanlage oder Ausbildungsfinanzierung aufbauen möchte, dem stehen verschiedene Möglichkeiten offen. Welche Variante man wählt, ist letztlich eine höchstpersönliche Entscheidung. Wegen des Zinseszinseffekts gilt jedoch auch in diesem Fall: Je früher mit dem Sparen begonnen wird, desto besser. Hier die gängigsten Modelle in der Übersicht:

Spareinlagen: Sparbuch und Sparbrief

Ein vielseitiger und beliebter Klassiker ist das Sparbuch mit einer dreimonatigem Kündigungsfrist und einem vom Geldmarkt abhängigen variablen Zinssatz. Monatlich verfügbar sind bis zu 2000 Euro.

Sparbriefe werden mit den verschiedensten Ausstattungsmerkmalen angeboten. Allen gemeinsam ist aber eine feste unkündbare Laufzeit bei einer festen Verzinsung. Es fallen keine Kosten für den Erwerb, die Verwahrung und Verwaltung an.

Tagesgeldkonto

Das Tagesgeldkonto ist ein verzinstes Konto ohne festgelegte Laufzeit. Der Kontoinhaber kann täglich über sein Geld verfügen. Es kann allerdings meist nicht für den normalen Zahlungsverkehr genutzt werden. Tagesgeldkonten liefern in der Regel etwas höhere Zinsen als Sparbücher, die Verzinsung kann sich allerdings täglich ändern.

Termingelder: Festgeld und Kündigungsgeld

Termingelder sind kurz- bis mittelfristige Geldanlagen mit einer festen Laufzeit. Zu unterscheiden ist zwischen Festgeld und Kündigungsgeld. Bei Festgeld erhält man für einen vorher festgelegten Zeitraum garantierte Zinsen. Gibt man bis zum Ende der Laufzeit keine neue Weisung, verlängert sich normalerweise die Festgeldanlage um die ursprünglich vereinbarte Anlagedauer. Die gutgeschriebenen Zinsen werden natürlich mitverzinst.

Anders als beim Festgeld gibt es beim Kündigungsgeld keine festgelegte Laufzeit, sondern man einigt sich auf eine Kündigungsfrist von üblicherweise 30, 60, 90 oder 180 Tagen. Die Geldanlage läuft also so lange, bis man selber aktiv kündigt. Anders als beim Festgeld sind die Zinsen beim Kündigungsgeld nicht garantiert, sondern werden von der Bank an die Entwicklung des Zinsmarktes angepasst.

Fondssparpläne

Diese Form der Geldanlage eignet sich vor allem für eine langfriste Anlage. Monatlich oder quartalsweise wird ein fester Betrag in einen Investmentfonds eingezahlt. Ein Investmentfonds ist ein Konstrukt zur Geldanlage und kann aus verschiedenen Einzelanlagen, wie Aktien, festverzinslichen Papieren, Anleihen oder Immobilien bestehen. Durch die breite Streuung in unterschiedliche Papiere und Märkte wird das Risiko von Kursschwankungen geringer gehalten, als würde der Fonds nur aus einer einzelnen Anlage, zum Beispiel Aktien, bestehen. Da der Fonds vom sonstigen Vermögen der Fonds- oder Investmentgesellschaft getrennt ist und nach deutschem Recht ein Sondervermögen darstellt, garantiert diese Regelung den Erhalt des Fonds und damit die Sicherheit für den Anleger. Die Einzahlungen können jederzeit beendet werden, da es keine festen Laufzeiten oder eine Kündigungsfrist gibt. Bei der Entscheidung für einen Fonds spielt die Wertentwicklung eine große Rolle, aber man sollte die Kosten, wie Ausgabeaufschläge, Depotgebühren und administrative Gebühren nicht außer Acht lassen.

Ausbildungsversicherung

Die Ausbildungsversicherung ist im Grunde eine Art Kapitallebensversicherung, bei der für das Kind ein Vertrag über eine Laufzeit von 16 bis 25 Jahren abgeschlossen und mit monatlichen Raten bespart wird. Am Ende der festgelegten Laufzeit bekommt das Kind einen Betrag ausgezahlt. Stirbt derjenige, der den Vertrag abgeschlossen hat, werden keine weiteren Beiträge fällig, sondern sie werden von der Versicherung übernommen. Verbraucherschützer und Experten stehen dieser Art der Absicherung allerdings aufgrund langer Laufzeiten, fehlender Flexibilität, hoher Kosten und geringer Rendite oft kritisch gegenüber.

Bausparverträge

Der Anleger (auch Bausparer genannt) schließt einen Bausparvertrag mit einer Bausparkasse ab. Dieser Vertrag lässt sich in drei Phasen einteilen: die Ansparphase, die Zuteilungsphase und die Darlehensphase. In der Ansparphase zahlt der Bausparer ein; Summe und Zinsen sind abhängig vom gewählten Vertrag. Unter bestimmten Voraussetzungen, wenn zum Beispiel das Mindestsparguthaben oder die Mindestlaufzeit erreicht wurde, ist der Vertrag »zuteilungsreif«. Nun kann der Anleger wählen, ob er das angesparte Guthaben ausgezahlt haben möchte oder ob er das Bauspardarlehen nutzen will. Wie auch die Zinsen in der Ansparphase, sind die Zinsen für das Darlehen vertraglich festgelegt. Aber Achtung, das Darlehen darf nur für sogenannte wohnwirtschaftliche Maßnahmen genutzt werden, wie zum Beispiel den Kauf eines Eigenheims, von Bauland oder die Renovierung von Wohnraum. Aufgrund der niedrigen Gesamtverzinsung raten Experten immer wieder vom Bausparvertrag als Geldanlage für Kinder ab.

INTERNET

www.test.de Auf dem Internetportal der Zeitschrift *Stiftung Warentest* werden laufend Finanzprodukte getestet. Der Abruf von aktuellen Testergebnissen ist meistens kostenpflichtig.

www.oekotest.de Auf dem Internetportal der Zeitschrift *Ökotest* werden laufend Finanzprodukte getestet. Der Abruf von aktuellen Testergebnissen ist meistens kostenpflichtig.

www.finanztip.de Informationsdienst mit dem Schwerpunkt Versicherungen, Bankgeschäfte, Immobilien. Mit vielen Erläuterungen, Tipps und Checklisten.

www.check24.de Vergleichsportal zu Zinsvergleichen, Versicherungen, Strom; kostenlos.

www.geldsparen.de Zinsvergleiche von Tagesgeld, Festgeld, Sparbriefen, Sparbücher; kostenlos.

www.finanzen.de Zinsvergleiche von Girokonto, Tagesgeld, Festgeld; kostenlos.

www.finanzcheck.de Zinsvergleiche von Tagesgeld, Festgeld, Fonds; kostenlos.

www.vergleich.de Zinsvergleiche von Tagesgeld, Festgeld, Sparbriefen; kostenlos.

www.tariftipp.de Allgemeines Vergleichsportal, auch Zinsvergleiche von Tagesgeld und Festgeld.

Rund um die Geburt

Die Hebamme

Hebammen unterstützen die schwangere Frau vor und während der Geburt und im Wochenbett zu Hause.

Welche Leistungen bietet die Hebamme?

Die meisten Frauen nehmen die Hilfe einer Hebamme nach Verlassen der Klinik in Anspruch. Während des Wochenbettes (Bezeichnung für die ersten sechs bis acht Wochen nach der Geburt) überprüft die Hebamme zum Beispiel den allgemeinen Zustand der Mutter, kontrolliert die Gebärmutter, berät bei Stillfragen und generellen Fragen rund ums Baby. Sie zeigt den Umgang mit dem Neugeborenen, versorgt den Nabel und überwacht das Gewicht sowie die allgemeine Entwicklung des Kindes.

Aber auch einen Teil der Vorsorgeuntersuchungen kann die Hebamme anstelle der Frauenärztin übernehmen, zum Beispiel Gewichtskontrolle, Urinuntersuchung, Blutdruckmessung, Abhören der Herztöne und Kontrolle der Lage von Gebärmutter und Kind. Einige Hebammen bieten zusätzliche Leistungen wie Akupunktur an, die bei verschiedenen Beschwerden während der Schwangerschaft helfen kann, etwa bei Übelkeit oder Sodbrennen.

Beleghebammen

Möchte man auch während der Geburt in einer Klinik von der Hebamme seiner Wahl begleitet werden, sollte man sich eine Beleghebamme suchen. Beleghebammen arbeiten mit einem oder mehreren Krankenhäusern zusammen. Dies ist bei der Wahl der Klinik zu berücksichtigen. Der Vorteil einer Beleghebamme ist, dass sie die Schwangere vor der Geburt persönlich zu Hause kennengelernt hat, ihre Sorgen und Wünsche kennt und den gesamten Geburtsprozess begleitet. Natürlich betreut die Beleghebamme die Schwangere dann auch nach der Geburt zu Hause weiter.

Familienhebammen

Eine Familienhebamme verfügt über eine entsprechende Zusatzausbildung und betreut die Mutter bis zum ersten Lebensjahr des Kindes. Die Familienhebamme unterstützt Mütter und Familien mit einem besonderen Hilfebedarf. Dazu zählen Alleinerziehende, Familien mit Mehrlingsgeburten oder Mütter mit psychischen Problemen. Leider gibt es in Deutschland noch keine einheitliche Regelung, wo und wie man eine Familienhebamme findet und wer die Bezahlung übernimmt. In der Regel kommt das Jugendamt, das Sozialamt oder die Gemeinde für die Kosten auf. Am besten erkundigt man sich bei den genannten Stellen, bei seiner Hebamme oder im Internet.

Die Wahl der Hebamme

Folgende Fragen können bei der Wahl einer Hebamme hilfreich sein:

- Soll die Hebamme auch bei der Geburt dabei sein? Dann sollte man eine Beleghebamme wählen.
- Möchte man in einem Geburtshaus entbinden, sollte man sich bei der Wahl der Hebamme direkt an das ausgewählte Geburtshaus wenden.
- Bietet die Hebamme auch Geburtsvorbereitungskurse sowie Rückbildungskurse an?
- Werden zusätzliche Leistungen, wie Akupunktur oder Moxen angeboten?

Bevor man sich für eine Hebamme entscheidet, sollte man unbedingt einen ersten Kennenlern-Termin vereinbaren!

Wie findet man eine Hebamme?

Neben der Empfehlung des Frauenarztes kann man sich an folgende Institutionen wenden, um eine Hebamme zu finden:

- Krankenhaus / Geburtsklinik
- die Landesverbände der Hebammen
- Krankenkassen
- Gelbe Seiten

> Unser Tipp Um von der Hebamme seiner Wahl versorgt zu werden, ist es unbedingt ratsam, sich frühzeitig auf die Suche zu machen. In vielen Regionen sind Hebammen sehr schnell ausgebucht!

Wer übernimmt die Kosten?

Die Hebamme rechnet bei gesetzlich Versicherten direkt mit der Krankenkasse ab. Je nach Versicherung kann es sein, dass Zusatzleistungen (wie Akupunktur) nicht übernommen werden. Achtung: Die Beleghebamme bekommt separat eine Rufbereitschaftspauschale, die individuell ausgehandelt wird und selbst übernommen werden muss. Privat Versicherte sollten sich unbedingt vorher bei ihrer Versicherung erkundigen, welche Kosten übernommen werden. Bei einigen Verträgen sind Hebammenleistungen generell ausgeschlossen.

INTERNET

www.hebammensuche.de Suchmaschine für Hebammen im gesamten Bundesgebiet

www.bfhd.de Webseite des Bundes freiberuflicher Hebammen Deutschlands e.V.

www.hebammenverband.de Deutscher Hebammenverband e.V.

www.hebammen.at Webseite des Österreichischen Hebammen-Gremiums

www.hebamme.ch Webseite des Schweizer Hebammenverbands

www.familienhebamme.de Onlineportal für Familienhebammen und werdende Mütter

Doulas

Doulas sind in Deutschland noch relativ unbekannt und ersetzen keine Hebamme. Bei Doulas handelt es sich um Frauen, die bereits selber Kinder haben, die der Schwangeren beziehungsweise dem Paar als emotionale Stütze vor, während und nach der Geburt zur Seite stehen. Im Gegensatz zu Hebammen haben Doulas keine medizinische Funktion. Das Wort leitet sich von dem griechischen »douleuein« ab und bedeutet »dienen« oder »betreuen«. Sie können vor allem für alleinstehende Frauen eine große Hilfe sein oder Frauen begleiten, deren Männer zur Geburt nicht anwesend sein können. Die Kosten einer Doula müssen selber getragen werden.

BUCH

Doula-Wissen rund um die Geburt. Melanie Schöne, Dunja Herrmann, Arbor-Verlag, 2011.

INTERNET

www.doulas-in-deutschland.de Webseite der Doulas in Deutschland e.V. Der Verein hat sich zur Aufgabe gemacht, werdenden Eltern mit geringem finanziellem Spielraum eine kostenlose Doula-Geburtsbegleitung zu ermöglichen.

www.doula-info.de Suchmöglichkeit nach Doulas sowie Informationen zu deren Kosten und Leistungen

www.gfg-bv.de Weitere Informationen zu Doulas bei der Gesellschaft zu Geburtsvorbereitung – Familienbildung und Frauengesundheit e.V.

www.doula.ch Webseite der Doulas in der Schweiz

www.doula.at Webseite der Doulas in Österreich

Die Geburt: Klinik, Geburtshaus oder zu Hause?

Die meisten Frauen entscheiden sich für eine Entbindung im Krankenhaus. Wenn medizinische Gründe eine Geburt in einer Klinik nicht zwingend erfordern, sind eine Hausgeburt oder das Geburtshaus eine gute Alternative. Für die Klinik spricht die medizinische Rundum-Versorgung, für das Geburtshaus oder die Hausgeburt die meist viel persönlichere Umgebung. Anders als in der Klinik steht hier die natürliche Geburt immer im Vordergrund.

> Unser Tipp Wer eine natürliche Geburt anstrebt, aber trotzdem nicht auf die Rückendeckung einer Klinik verzichten möchte, ist in einem sogenannten Hebammenkreißsaal gut aufgehoben. Hier begleiten Hebammen eigenverantwortlich die Geburt, ärztliche Hilfe wird nur bei medizinischen Problemen hinzugezogen. Allerdings gibt es erst sehr wenige dieser Einrichtungen in Deutschland.

Entbindung in der Klinik

Die Wahl der Klinik

Folgende Fragen können bei der Wahl des Geburtskrankenhauses hilfreich sein:

- Ist der Geburtsklinik ein/e Kinderkrankenhaus/Kinderintensivstation angeschlossen?

- Gibt es eine optimale Versorgung für Frühgeburten?
- Bietet die Klinik neben der klassischen Geburt im Kreißsaal auch Alternativen, wie zum Beispiel eine Wassergeburt oder das Angebot von Geburtshocker, Sprossenwand, Seil etc.?
- Wie viele Geburten werden von einer Hebamme gleichzeitig betreut?
- Handelt es sich um ein stillfreundliches Krankenhaus? Gibt es spezialisierte Stillberaterinnen?
- Gibt es eine Statistik zur Häufigkeit von Dammschnitten?
- Besteht die Möglichkeit des sogenannten rooming-in (das Baby bleibt durchgehend mit im Zimmer der Mutter)?
- Handelt es sich eher um Zwei-Bett-Zimmer als um Mehrbettzimmer?
- Bietet die Klinik Einzelzimmer bzw. Familienzimmer?
- Kann man gegen Zuzahlung ein Einzelzimmer bekommen? Was kostet es?
- Befinden sich die sanitären Anlagen im Raum oder auf dem Gang?
- Wie sind die Besuchszeiten geregelt?
- Liegt die Klinik in der Nähe der Wohnung?
- Kann die Beleghebamme die Geburt im Krankenhaus begleiten und auch die Nachsorge dort vornehmen?

Wann sollte man sich in der Klinik anmelden?

Kliniken dürfen Frauen nicht ablehnen, wenn die Wehen bereits begonnen haben. Trotzdem ist es ratsam, sich rechtzeitig in der vom Frauenarzt empfohlenen oder selbst ausgewählten Klinik anzumelden. In der Regel sind circa sechs Wochen vor dem Geburtstermin ausreichend. Gerade in Großstädten gibt es jedoch sehr beliebte Kliniken, für die man sich früher anmelden muss, am besten gleich zu Beginn der Schwangerschaft. Je nach Klinik reicht dafür ein Anruf in der Geburtsambulanz, meist wird zusätzlich ein Anmeldetermin vor Ort vereinbart.

> Unser Tipp Wer will, plant vor der Geburt noch einen Friseurbesuch / Pediküre / Maniküre – danach wird's zeitlich erst mal eng.
>
> Beim Kaiserschnitt ist allerdings zu beachten: Manche Anästhesisten verlangen wegen der OP unlackierte Fingernägel.

Weshalb ist ein Anmeldetermin in der Geburtsklinik sinnvoll?

Es ist sehr hilfreich, die Infoabende der Krankenhäuser zu nutzen. Neben einer Führung durch die Wochenbettstation erhält man weitere Informationen zur Entbindung und Betreuung und kann sich so ein gutes Bild von der Klinik machen. Hat man sich dann für eine Geburtsklinik entschieden, werden beim Anmeldegespräch alle relevanten Informationen zu Mutter und Kind in Ruhe aufgenommen. Bei einem möglichen oder geplanten Kaiserschnitt werden eventuell klinikeigene Untersuchungen gefordert und ein Gespräch mit dem Anästhesisten geführt. Aber auch Mutter oder Vater können persönliche Fragen zum Ablauf stellen und eigene Wünsche und Erwartungen äußern.

Welche Unterlagen sind für eine Anmeldung erforderlich?
In der Regel sind für die Anmeldung mitzubringen:

- Mutterpass,
- Krankenversicherungskarte,
- ggf. eine Überweisung des Frauenarztes (vorher in der Klinik anfragen, ob erforderlich).

Entbindung in der Klinik, aber ambulant
Für alle, die nicht länger als nötig im Krankenhaus bleiben wollen: Sofern es Mutter und Kind gut geht, gibt es auch die Möglichkeit, schon wenige Stunden nach der Geburt sowie nach Durchführung der erforderlichen medizinischen Untersuchungen des Babys die Klinik wieder zu verlassen und nach Hause zu fahren.

Wichtig hierfür: Schon im Vorfeld eine Nachsorgehebamme suchen. So kann man mit ihr diese Variante besprechen und rechtzeitig die von ihr empfohlenen Extras besorgen: zum Beispiel die Zustimmung eines Kinderarztes zum Neugeborenen-

> Unser Tipp Um zusätzlichen Stress zu vermeiden, sollte man den Weg zur Klinik gemeinsam vorher einmal abgefahren sein!

Screening (Test auf Stoffwechsel und Hormonerkrankungen) durch die Hebamme, Kauf von Milch/Fläschchen, falls das Stillen nicht klappt etc. Die Entscheidung, die Klinik nach der Geburt zu verlassen, muss nicht im Vorfeld angekündigt werden.

Geburt im Geburtshaus

Geburtshäuser sind eigenständige außerklinische Einrichtungen, in denen Hebammen Mütter und Paare umfassend während der Schwangerschaft und bei der Geburt begleiten und betreuen. Es gibt rund 200 davon in Deutschland.

Die Geburt findet meist ambulant statt. Ungefähr drei bis vier Stunden nach der Geburt kehrt man nach Hause zurück. Einige Geburtshäuser bieten jedoch auch einen stationären Aufenthalt von einigen Tagen an.

Anmeldung im Geburtshaus

Im Geburtshaus sollte man sich so früh wie möglich anmelden, am besten gleich zu Beginn der Schwangerschaft. Voraussetzung ist, dass die Schwangerschaft unproblematisch verläuft und keine Mehrlinge erwartet werden. In der Regel ist im Geburtshaus kein Arzt anwesend. Möchte man, dass ein Arzt/Ärztin die Geburt begleitet, muss man sich selbst darum bemühen, auch dies so früh wie möglich.

Wer trägt die Kosten?

Die Abrechnung erfolgt direkt mit der Krankenkasse, allerdings kann es zu zusätzlichen Kosten für die Nutzung des Geburtshauses kommen. Deswegen unbedingt vorher mit der Krankenversicherung klären, welche Kosten übernommen werden.

Entbindung zu Hause

Für diese ebenfalls außerklinische Geburtsvariante spricht meist der Wunsch nach einer natürlichen, selbstbestimmten Geburt in der gewohnten Atmosphäre der eigenen vier Wände.

Ob eine Hausgeburt für die Schwangere in Frage kommt, liegt primär im Ermessen der betreuenden Hebamme. Diese sollte man sich so früh wie möglich suchen, denn nicht alle Hebammen begleiten Hausgeburten.

Möchte man, dass ein Arzt/Ärztin die Geburt begleitet, muss man sich grundsätzlich selbst rechtzeitig darum bemühen.

Wer trägt die Kosten?

Unbedingt mit der Krankenkasse vorab klären, welche Kosten übernommen werden. (Die sogenannte Rufbereitschaftspauschale muss zum Beispiel in der Regel selbst getragen werden.)

BÜCHER

Hausgeburt und Gebären im Geburtshaus. Christine Trompka, fidibus Verlag, 2011.

Luxus Privatgeburt. Martina Eirich, Caroline Oblasser, Edition Riedenburg, 2011.

Geburtsberichte: Selbstbestimmte Geburten, die Mut machen. Corinne Jeremias, Maxi Werle, Christine Trompka, fidibus Verlag, 2012.

Hausgeburt. Frauke Lippens, Irisiana, 2007.

Die selbstbestimmte Geburt. Handbuch für werdende Eltern. Ina May Gaskin, Kösel 2004.

Alles rund ums Wochenbett – Hebammenwissen für die ersten Wochen nach der Geburt. Viresha J. Bloemeke, Kösel, 2011.

Die Hebammensprechstunde. Ingeborg Stadelmann, Stadelmann Verlag, 2005.

INTERNET

www.geburtshaus.de Netzwerk der Geburtshäuser in Deutschland mit Suchfunktion nach Postleitzahl

www.dfh-hebammen.de Deutscher Dachverband für Hausgeburtshilfe

www.geburtspool.de Angebot von transportablen und aufblasbaren Geburtswannen

www.geburtsallianz.at Webseite der Geburtsallianz Österreich, einer Non-Profit-Organisation, mit Informationen zu Geburtshäusern und Hausgeburten in Österreich

www.hebammen.at Webseite des österreichischen Hebammen-gremiums mit Suchfunktion nach Adressen von Hebammen, die Hausgeburten anbieten

www.hebamme.ch Auf der Internetseite des Schweizer Hebammenverbands finden sich Kontaktdaten von Geburtshäusern sowie Hebammen für die deutschsprachige Schweiz

KOSTENLOSE BROSCHÜREN

***Eltern*-Ratgeber »Klinikführer Geburt«** Sehr informatives Heft der *Eltern*-Redaktion, das zweimal jährlich mit 28 Regionalausgaben erscheint. Es enthält Tabellen mit den wichtigsten Infos zu Kliniken und Geburtshäusern in der eigenen Umgebung, zudem viele nützliche Artikel und Tipps für die Schwangerschaft und die erste Zeit mit dem Baby. Der Ratgeber liegt bei Frauenärzten, Beratungsstellen, Hebammen und Entbindungskliniken aus oder kann auf www.eltern.de heruntergeladen werden. Tipp: Der Download ist auf der *Eltern*-Webseite nicht leicht zu finden, am besten in einer Suchmaschine wie Google »*Eltern*-Ratgeber Klinikführer Geburt« eingeben.

Zu Hause und im Geburtshaus Die Broschüre ist zu bestellen bei der Gesellschaft für Qualität in der außerklinischen Geburtshilfe (QUAG) auf www.quag.de oder per E-Mail: geschaeftsstelle@quag.de.

www.eltern.de/wochenbettguide 40 Tage lang bekommt man täglich eine Mail, genau abgestimmt auf das Alter des Babys, mit vielen Tipps und Infos.

Kliniktasche für Mutter und Baby

Ein paar Wochen vor der Geburt sollte man alle für die Klinik benötigten Sachen griffbereit zurechtlegen. Dazu gehören neben den persönlichen Dingen für die Mutter auch Babykleidung sowie wichtige Unterlagen.

Kliniktasche der Mutter

- Bademantel
- Bequeme, weite Kleidung, bevorzugt Oberteile zum Aufknöpfen vorne (fürs Stillen)
- Für die Geburt: Warme Socken, weites T-Shirt, Duftöl, eigene Musik
- Eventuell Handtücher (Nicht alle Kliniken stellen welche zur Verfügung.)
- Still-BH, ein bis zwei Nummer größer als die bisherige Größe
- Kosmetik: Duschgel, Haarpflege, Cremes, Zahnbürste, Zahncreme und evtl. ein bisschen Make-up für danach
- Bürste, Kamm und ggf. Haarbänder und Spangen
- Für einen guten Schlaf im Mehrbettzimmer: Ohropax, Schlafmaske
- Handy und Ladekabel
- Essen!, Lieblingssnacks, Getränke

- Notizblock und Stift
- Hausschuhe / Flip-Flops
- Bequeme Kleidung für den Weg nach Hause (Größe ungefähr wie im fünften und sechsten Schwangerschaftsmonat
- Buch / Tagebuch / Musik (Bitte Kopfhörer bei Mehrbettzimmer nicht vergessen!)
- Fotoapparat

> Unser Tipp Für zu Hause vorab handelsübliche saugfähige Binden besorgen (Thema Wochenfluss). Damit fühlt man sich deutlich wohler, als in den sehr dicken Vliesbinden der Klinik.

Wichtige Unterlagen für die Klinik

- Mutterpass
- Krankenversichertenkarte
- Personalausweis
- Für Unverheiratete: Vaterschafts-/Sorgeerklärung (sofern vor der Geburt beantragt), sowie die Geburtsurkunde von Mutter und Vater
- Für Verheiratete: das Familienstammbuch oder Heiratsurkunde

Erstausstattung für das Baby

Bei der Erstausstattung fürs Baby am besten nur die Kleidung für die Fahrt nach Hause mitnehmen, das heißt je nach Temperatur: Body, Strampler, Mütze und ggf. eine Jacke. Manche Kliniken bieten professionelle Fotoshootings an – dafür kann man ggf. noch ausgesuchte Kleidung und Babys ersten Teddy mitnehmen. Ansonsten ist es praktischer während des Aufenthaltes auf die Klinik-Babykleidung zurückzugreifen.

Babyschale

Die Babyschale ist für den Transport im Auto oder Taxi notwendig. Es ist ratsam, die Babyschale frühzeitig auszuprobieren und sich mit der Handhabung der Gurte (verstellen/anziehen) vertraut zu machen. Nähere Informationen: »Transport per Auto«, S. 220.

Nabelschnurblut: Spenden oder einfrieren?

Dank zahlreicher Stiftungen und öffentlicher Einrichtungen ist das Thema »Knochenmarkspende« bereits in das Bewusstsein der Öffentlichkeit gerückt. Anders sieht es bislang mit der Nabelschnurblutspende aus. Die Besonderheit hier: Man kann das Blut sowohl in eine öffentliche Nabelschnurblutbank spenden oder für einen etwaigen Eigenbedarf für das eigene Kind einlagern.

Warum das Nabelschnurblut spenden?

Die Stammzellen des Nabelschnurbluts kommen bei der Behandlung schwerer Krankheiten zum Einsatz. Da die Stammzellen im Gegensatz zu denen aus dem Rückenmark flexibler und jünger sind, besteht eine höhere Chance, dass diese vom Körper des Patienten angenommen werden.

Öffentliche Spende

Das Nabelschnurblut kann kostenlos in eine öffentliche Nabelschnurbank gespendet werden, die Daten werden anonymisiert. Leider bietet nicht jede Geburtsklinik eine Nabelschnurblutspende an. Da es bisher keine zentrale Übersicht über die Entnahmekliniken gibt, sollte man sich direkt bei der Geburtsklink seiner Wahl erkundigen, ob eine Spende möglich ist.

Wie erfolgt die Spende?

Zunächst wird festgestellt, ob man als Spenderin überhaupt in Frage kommt. Ausschlusskriterien sind unter anderem akute Infektionen oder die Einnahme bestimmter Medikamente. Vor oder während der Geburt wird bei der Mutter eine Blutprobe entnommen, um unter anderem Infektionen auszuschließen. Nach der Abnabelung wird das Blut aus der Nabelschnur gewonnen – dies ist mit keinerlei Risiken verbunden.

Private Einlagerung in Stammzellenbank

Eltern können die Stammzellen aus dem Nabelschnurblut für einen etwaigen Eigenbedarf privat einlagern lassen. Die Kosten variieren je nach Anbieter. Eine wichtige Voraussetzung für die private Einlagerung ist es, dass die private Nabelschnurblutbank der Wahl auch mit der Geburtsklinik zusammenarbeitet.

Allerdings gibt es bisher keine Garantie, dass das Kind bei einer Krankheit später davon profitiert. Man weiß noch nicht, wie lange eingefrorene Stammzellen aus der Nabelschnur intakt bleiben.

Die Zahl der Zellen, die man aus dem Nabelschnurblut gewinnt, reicht bisher nur für die Behandlung von Kindern und Jugendlichen, nicht aber für Erwachsene. Außerdem helfen die eigenen Stammzellen nicht bei einer Leukämieerkrankung (zu deren Behandlung am häufigsten Stammzellen zum Einsatz kommen), denn diese können bereits die Veranlagung für die Krankheit enthalten.

Weltweit gibt es erst wenige Fälle, bei denen die eigenen Stammzellen bei der Behandlung von Krankheiten zum Einsatz gekommen sind. Bei der privaten Einlagerung handelt es sich daher um eine mögliche Investition in die Zukunft, die von der weiteren Stammzellenforschung abhängig ist.

Öffentliche Nabelschnurblutbanken

- José Carreras Stammzellbank: www.nabelschnurblutbank.de
- Bayerische Stammzellbank: www.akb-germany.de
- Nabelschnurblutbank Erlangen: www.transfusionsmedizin.uk-erlangen.de
- Deutsche Stammzellspenderdatei: www.stammzellspenderdatei.de
- DKMS Nabelschnurblutbank: www.dkms-nabelschnurblutbank.de
- Norddeutsches Knochenmark- und Stammzellspender Register: www.nkr-mhh.de

Rückbildung und Fitness nach der Geburt

Rückbildung nach der Geburt

Während der Schwangerschaft und Geburt leistet der Körper Schwerstarbeit. Und wenn das Baby dann da ist, geht es weiter mit Stillen, Babypflege und häufigem Schlafmangel. Deshalb ist es für die Mutter gerade jetzt besonders wichtig, sich Entspannung zu gönnen und sich zu schonen, sobald sie eine ruhige Minute hat. Erst nach einigen Wochen sollten also die Rückbildungsgymnastik oder leichte Fitnessübungen folgen.

Rückbildung – was ist das eigentlich?
Vor allem die Gebärmutter und der Beckenboden haben während der Schwangerschaft extreme Veränderungen durchgemacht.

Die Gebärmutter ist nach der Geburt immer noch vergrößert und bildet sich erst langsam wieder zum ursprünglichen Umfang zurück. Die Nachsorgehebamme wird dies täglich kontrollieren und bei Bedarf auch Tipps zu unterstützenden Übungen geben.

Der Beckenboden ist ein System aus mehreren Muskeln, die das Becken nach unten hin abschließen und damit den Organen Halt geben, aber zum Beispiel auch die Scheide umgeben. Schon während der Schwangerschaft wird er extrem beansprucht, da mit Gebärmutter, Kind und Plazenta ein Vielfaches des sonstigen Gewichts zu tragen ist. Bei der Geburt wird er sehr gedehnt und eventuell sogar auch verletzt. Bildet der Beckenboden sich nun nicht wieder zu seiner ursprünglichen Form zurück, können zum Beispiel Inkontinenz und Gebärmuttersenkungen, oft auch erst

Jahre später, auftreten. In speziellen Rückbildungskursen hilft eine gezielte Gymnastik, die beanspruchten Muskeln und Organe wieder kräftig und elastisch zu machen.

Wo werden Rückbildungskurse angeboten?
Meist kann die eigene Hebamme Tipps dazu geben, wo in der Umgebung Rückbildungskurse angeboten werden, eventuell leitet sie sogar selbst Kurse. Auch bieten viele Pilates- oder Yoga-Studios Rückbildungsgymnastik an. Praktisch ist, dass die Babys bei den meisten Kursen mit dabei sein dürfen. Zur Sicherheit sollte man sich diesbezüglich aber vorher erkundigen.

Wann sollte mit der Rückbildungsgymnastik begonnen werden?
Grundsätzlich sollte man dies immer mit der Hebamme oder Frauenärztin abstimmen, da nur sie die individuelle Situation der Mutter kennen. Generell gilt aber, dass Frauen mit einer normalen Geburt schon wenige Tage später mit leichten Übungen beginnen können. Frauen mit Kaiserschnitt sollten länger warten, circa vier bis sechs Wochen, und während dieser Zeit auch auf eine Beanspruchung der Bauchmuskultur verzichten. Wer einen Dammschnitt/-riss hatte, sollte warten, bis dieser verheilt ist.

Wer zahlt die Rückbildungsgymnastik?
Fast alle Krankenkassen zahlen beziehungsweise subventionieren Rückbildungskurse nach der Schwangerschaft.

Fitness nach der Geburt

Fitnesskurse mit Baby

Inzwischen gibt es sehr viele Fitnesskurse für Mütter, bei denen die Babys mitgebracht werden dürfen. Yoga- oder Pilates-Studios bieten oft spezielle Mutter-Kind-Kurse an, also Kurse, bei denen das Baby auf jeden Fall dabei sein darf, teilweise aber auch in die Übungen mit eingebunden wird. Daneben gibt es auch Ausgefalleneres, wie zum Beispiel Buggyfit oder Kangatraining. Buggyfit ist ein neuer Fitnesstrend aus England. Junge Mütter können hier Fitnessübungen in den Spaziergang mit dem Baby integrieren, der Kinderwagen dient teilweise als Fitnessgerät.

Kangatraining ist ein Workout-Programm für Mütter, das die Herz-Kreislauf-Ausdauer, die Beckenbodenmuskulatur und die korrekte Körperhaltung im Alltag mit Baby stärkt. Das Besondere daran ist, dass das Baby dabei »känguruhmäßig« den Großteil der Zeit im Tragetuch oder der Tragehilfe sitzt und die Mutter also für den Beginn der Übungen nicht warten muss, bis es ruhig oder eingeschlafen ist. Zwillingsmüttern nimmt oft die Trainerin das zweite Baby ab.

BÜCHER

Rückbildungsgymnastik. Kerstin Schwarz, GU, 2010. Mit Audio-CD.

Rückbildungsgymnastik – Fit nach der Schwangerschaft. Benita Cantieni, Südwest, 2006.

Yoga – für Mutter und Baby. Julie Llewellyn-Thomas, Südwest, 2006.

Buggyfit – Fitness, die Spaß macht, das ideale Training für Mütter. Judith Habring, Ecofit Verlag, 2010. Die Autorin integriert einfache, den Beckenboden stärkende Übungen in den Alltag, beim Spazierengehen wird der Kinderwagen zum Fitnessgerät, und das Baby ist immer dabei.

Mama Power: Fit mit dem Kinderwagen – die etwas andere Rückbildung. Angela Kowsky, Trias, 2010.

KnuddelFit – Rückbildungsgymnastik mit Baby. Tina Schütze, Kösel, 2011.

DVDS

Mutter & Baby Yoga mit Shiva Rea. Alive, 2012. Die bekannte Yoga-Lehrerin Shiva Rea stellt Yogaübungen vor (zum Beispiel Body Toning und Bauchübungen sowie Stressabbau für jeden Tag), die ideal für Mütter mit Babys bis sechs Monaten sind. Das Baby wird dabei in viele Übungen integriert.

Fit mit Baby – schnell schlank nach der Geburt. 5W Verlag, 2011. Rückbildungsgymnastik mit Baby, vorgeturnt von ganz normalen Müttern.

Mama Workout – Rückbildungsgymnastik. Peter Brose Media Marketing, 2010.

Mein Beckenboden-Workout. 5W Verlag, 2010. Ein von einer Hebamme und einer Physiotherapeutin entwickeltes Programm zur Stärkung des Beckenbodens.

Kangatraining. Nicole Pascher. Die DVD zum Training. Zu beziehen über www.kangatraining.com oder Amazon.

INTERNET

www.buggyfit.de Kursangebote zum neuen Fitnesstrend in verschiedenen Städten Deutschlands

www.kangatraining.com Die Webseite zum gleichnamigen Training, u. a. mit Infos zu Kursen in Deutschland, Österreich und der Schweiz.

Alles zu Babys Ernährung, Pflege und Wohlbefinden

Stillen

Die Muttermilch ist die beste Nahrung fürs Kind, da sie die genau richtige Zusammensetzung von Nähr- und Abwehrstoffen besitzt, um das Baby bestmöglich vor Allergien und Infektionen zu schützen. Stillen kann für Mutter und Kind eine wundervolle Erfahrung sein, auch wenn es am Anfang eventuell etwas an Übung bedarf. Neben dem wichtigen emotionalen Band, das zwischen beiden geknüpft wird, ist Muttermilch im Gegensatz zur Flaschennahrung jederzeit verfügbar! Nicht nur dem Baby, sondern auch der Mutter tut das Stillen gut: Nach der Schwangerschaft bildet sich die Gebärmutter deutlich schneller zurück, auch die dazugewonnenen Pfunde der letzten Monate verliert man meist leichter. Die Weltgesundheitsorganisation (WHO) empfiehlt übrigens eine Stillzeit von mindestens sechs Monaten, in der Regel gilt aber: Solange sich die Mutter wohlfühlt, solange das Stillen nicht zum Stress ausartet, so lange darf und kann gestillt werden.

Die Informationsmöglichkeiten zum Thema Stillen sind zahlreich: Stillkurse, Bücher oder das Internet warten mit allem Wissenswerten zum Thema auf. Viele der Geburtskliniken sind inzwischen sogenannte »stillfreundliche« Häuser, in denen Hebammen besondere Zusatzausbildungen zur Stillberaterin haben. Sie stehen, wie auch die Nachsorgehebamme, für alle Fragen rund um die Muttermilch zur Verfügung, helfen bei den ersten Schritten und greifen bei Problemen gerne unter die Arme. Zusätzlich gibt es in vielen Städten Stillgruppen und Stilltreffs, in denen sich Mütter austauschen können.

Kleine Hilfen beim Stillen

- **Still-BHs** sind sehr praktisch und sollten circa eine Nummer größer als die normale BH-Größe gekauft werden. Es gibt sie als BHs oder Tops. Sie werden in allen Preisklassen angeboten und sind im Drogeriehandel, den Apotheken oder im Fachhandel erhältlich. Nicht ganz günstig, aber sehr empfehlenswert sind die Modelle der Firma Medela, da sie besonders angenehm zu tragen sind.
- **Stilleinlagen** fangen die Milch auf, die zwischen den Stillphasen austreten kann. Es gibt Stilleinlagen zum einmaligen Gebrauch oder als Seideneinlage zum Waschen. Meist sind die Markenprodukte aus der Apotheke oder dem Babyfachhandel in Sachen Tragbarkeit und Saugfähigkeit den Eigenmarken der Drogerien doch überlegen.
- **Stillkissen:** Ein weiches Kissen in Bananenform, das man sich während des Stillens um den Bauch legt, um das Baby darauf zu betten. Viele Schwangere benutzen es auch gerne schon vor der Geburt zum Schlafen, um damit den Bauch zu stützen. Stillkissen haben unterschiedliche Füllungen: feste, die weniger nachgeben, oder weiche, die mehr nachgeben.

- **Milchpumpen** gibt es als Handpumpen oder als elektronische Variante. Sie können gerade am Anfang helfen, die Brust zu stimulieren, um die Milchproduktion anzuregen. Viele Frauen nutzen sie, um auf Vorrat Milch abzupumpen. Sie können Müttern per Rezept verschrieben und in der Apotheke ausgeliehen werden. Auch ohne Rezept kann man Pumpen gegen eine geringe Gebühr in der Apotheke leihen.

- **Spucktücher** dienen als Schutz bei Babys Bäuerchen. Natürlich genügen hier normale Spucktücher aus Baumwolle, wer aber von der Optik her weniger langweilige, etwas außergewöhnlichere Modelle bevorzugt, dem sind zum Beispiel die Firmen Bellybutton oder aden + anais zu empfehlen. Spucktücher kann man auch mit Babys Namen versehen lassen (ideal auch als Geschenk!) – hier gibt es zahlreiche Anbieter im Internet.

- **Stilltuch/Stillschal:** Erlaubt diskretes Stillen in der Öffentlichkeit. Inzwischen gibt es eine Vielzahl an unterschiedlichen Modellen, zum Beispiel Produkte von Bébé au Lait oder einfach bei Dawanda schauen: www.dawanda.de

Unser Tipp Eine Nachttischlampe mit »Touch Me Effekt« (von verschiedenen Herstellern erhältlich) taucht das Zimmer per Berührung in ein weiches, atmosphärisches Licht – leicht zu bedienen und ideal zum Stillen in der Nacht!

Stillen im Job?

Frauen, die sehr zeitnah nach der Geburt wieder arbeiten, dürfen dank Mutterschutzgesetz mindestens zweimal täglich eine halbe Stunde oder einmal täglich eine Stunde zum Stillen verwenden, ohne dass dies zum Verdienstausfall führt. Stillende Mütter sind von gesundheitsgefährdenden Arbeiten, Schwerarbeit und Nachtarbeit befreit. Weitere Informationen im Mutterschutzgesetz zum Download beim Familienministerium unter www.bmfsfj.de.

Schnelle Hilfen bei wunder Brust

Gerade am Anfang kann die Brust sehr empfindlich sein und die Brustwarzen spröde und rissig werden. Entscheidend ist die richtige Stillhaltung, damit es nicht wiederholt zu Problemen kommt.

- **Stillhütchen** aus Silikon werden dazu verwendet, um wunde und strapazierte Brustwarzen während des Stillens zu schonen. Hebammen raten aber eher davon ab (oder höchstens zu einer kurzzeitigen Benutzung), da das Baby die falsche Saugtechnik lernt und die Milchproduktion abnehmen kann.
- **Lanolin** (Wollfett) hilft bei wunden Brüsten. Unbedingt darauf achten, dass es sich um reines Lanolin handelt, damit es ein Naturprodukt ist und somit unbedenklich für das Baby angewendet werden kann. Am besten nach jedem Stillen dünn auftragen.
- **Kaltkompressen** aus dem Tiefkühlfach (am besten mit einem dünnen Handtuch oder einem Spucktuch umwickelt) kühlen

die wunde Brust und sorgen für Schmerzlinderung. Zur Not tut's auch ein Beutel tiefgefrorener Erbsen.

- Kalter **Quark**, aufgegossene und abgekühlte schwarze **Teebeutel** oder **Kohlblätter** aus dem Kühlschrank sind weitere nützliche Helfer.
- Bei **anhaltenden Beschwerden** aber unbedingt an die Hebamme oder den Frauenarzt wenden.

Abstillen

Um die Milchproduktion zu reduzieren, wird empfohlen, allmählich eine Mahlzeit pro Woche durch Beikost (bei Babys unter sechs Monaten durch Flaschennahrung) zu ersetzen. Mit dem Stillen aufzuhören ist ein allmählicher Prozess, der sich, wenn er sanft vollzogen wird, über Wochen hinziehen sollte. Von heute auf morgen mit dem Stillen aufzuhören ist ohne Medikamente fast nicht möglich, da der Körper eine Weile benötigt, um die Milchproduktion zu reduzieren.

BÜCHER

Stillen: Das Begleitbuch für eine glückliche Stillzeit. Vivian Weigert, Kösel, 2010.

Stillen: Ihre Stillberatung für zu Hause. Mütter berichten: Das hat mir geholfen. Dora Schweitzer, Trias, 2012.

Stillen. Márta Guóth-Gumberger, Elizabeth Hormann, GU, 2008.

Das Stillbuch. Hannah Lothrop, Kösel, 2009.

***Eltern*-Guide Stillen.** Nur als E-Book verfügbar, zu bestellen unter www.amazon.de, lesbar auf dem Kindle, PC, Smartphone oder iPhone.

Empfehlungen für die Ernährung von Mutter und Kind. Broschüre des Forschungsinstituts für Kinderernährung Dortmund. Kostenpflichtig zu bestellen unter www.fke-do.de.

DVD

Mamas Milch: 12 Mütter, 2 Profis über die Stillzeit. Teer + Feder, 2008.

INTERNET

www.bfr.bund.de/de/nationale_stillkommission-2404.html Die Nationale Stillkommission gibt Stillinformationen heraus und informiert rund ums Thema.

www.lalecheliga.de La Leche Liga Deutschland e.V., Infos zum Thema Stillen sowie Stillgruppen- und Stillberaterinnensuche nach Postleitzahl

www.lalecheliga.at La Leche Liga Österreich, Informationen zu Stillberaterinnen und Stillgruppen in Österreich

www.lalecheliga.ch La Leche Liga Schweiz, Informationen zu Stillberaterinnen und Stillgruppen in der Schweiz

www.afs-stillen.de Arbeitsgemeinschaft freier Stillgruppen, Infos zum Thema Stillen und Stillgruppensuche und Stillberaterinnensuche nach Postleitzahl

www.bdl-stillen.de Berufsverband Deutscher Laktationsberaterinnen. Auf der Internetseite sind interessante (Fach-)Zeitungsartikel, Studien, Medienberichte zu finden.

www.stillgruppen.de Infos zum Thema Stillen und Stillgruppensuche nach Postleitzahl

www.stillen.at Internetseite des Verbands der Still- und Laktationsberaterinnen Österreichs mit nützlichen Informationen und Adressen

www.stillen.ch Berufsverband der Schweizerischen Stillberaterinnen mit nützlichen Informationen und Adressen

www.embryotox.de Verträglichkeit der wichtigsten Medikamente während Schwangerschaft und Stillzeit, auch mit dem Angebot individueller Beratung

www.babyfreundliche-apotheke.de Die Webseite des Vereins aller babyfreundlichen Apotheken enthält zahlreiche Informationen rund um die Stillpraxis.

Es gibt zudem zahlreiche Videos unter **www.youtube.de** zum Thema Stillen.

KOSTENLOSE BROSCHÜREN

Das Baby Broschüre als Download erhältlich bei der Bundeszentrale für gesundheitliche Aufklärung unter www.bzga.de (➛ Infomaterialien ➛ Kinder und Jugendgesundheit).

10 Tipps: So fließt reichlich Muttermilch Zum Download erhältlich bei La Leche Liga, www.lalecheliga.de.

Trinkt mein Baby genug Milch? Zum Download erhältlich bei La Leche Liga, www.lalecheliga.de.

Anlegen und Stillpositionen Zum Download erhältlich bei La Leche Liga, www.lalecheliga.de.

Muttermilch gewinnen und aufbewahren Zum Download erhältlich bei La Leche Liga, www.lalecheliga.de.

Wunde Warzen Zum Download erhältlich bei La Leche Liga, www.lalecheliga.de.

Stillen bei Erwerbstätigkeit Zum Download bei der Arbeitsgemeinschaft Freier Stillgruppen e.V. unter www.afs-stillen.de erhältlich (➛ AFS-Publikationen).

Flaschennahrung

Heutzutage unterliegt Flaschennahrung strengen gesetzlichen Richtlinien. So bekommt das Baby auch hier alle wichtigen Mineral- und Nährstoffe, um groß zu werden.

Welche Säuglingsmilch ist die richtige?

Die sogenannte Pre-Milch gleicht der Muttermilch am ehesten und kann so oft gegeben werden, wie es das Baby verlangt. Nach ein paar Monaten kann man auf Folgemilch 1 wechseln, die im Gegensatz zur Pre-Milch mehr Stärke enthält. Diese Umstellung ist nicht zwingend notwendig, auch vertragen manche Babys diesen Wechsel nicht so gut.

Folgemilch 2 darf frühestens parallel zur Beikost eingeführt werden, die meisten Hebammen raten aber davon ab und empfehlen, im ersten Jahr bei der Pre- oder Folgemilch 1 zu bleiben, da sie der Muttermilch am ähnlichsten ist.

Die sogenannte HA-Milch (HA steht für »hypoallergen«) ist speziell für allergiegefährdete Babys. Da Milcheiweiß für das Auslösen von Allergien verantwortlich sein kann, ist bei dieser Milch das Eiweiß gespalten und wird somit vom Darm als weniger fremd empfunden. Bitte vom Titel nicht täuschen lassen: Sie stellt keinen absoluten Schutz vor Allergien dar.

Wie so oft gilt: Teuer ist nicht immer auch besser! Magazine wie Ökotest und Stiftung Warentest testen in regelmäßigen Abständen Milchpulver – es empfiehlt sich, die Testergebnisse genau anzuschauen, bevor man sich für eine Marke entscheidet. Da einige Babys Schwierigkeiten mit Nahrungsumstellungen haben, ist es ratsam, bei einem Milchpulver zu bleiben.

Die Zubereitung von Flaschenmilch

Um Verklumpungen oder falsche Mischverhältnisse (die zu Magenschmerzen bei Kindern führen können) zu vermeiden, sollten die Mengenangaben der Gebrauchsanleitung unbedingt eingehalten werden. Bitte immer darauf achten, Säuglingsnahrung frisch zuzubereiten und nie noch einmal aufzuwärmen – es bilden sich nämlich bei abgestandener Milch sehr schnell Bakterien, die für das Kind schädlich sein können. Die Flaschen und Sauger sind nach jedem Gebrauch zu reinigen und müssen zusätzlich in den ersten sechs Monaten sterilisiert werden (mit dem Sterilisator oder auskochen). Das Gleiche gilt für das Wasser, mit dem man die Flaschennahrung zubereitet: In den ersten sechs Monaten ist es ratsam, das Wasser abzukochen oder spezielles Säuglingswasser zu kaufen.

Kleine Helfer für die Flaschennahrung

- **Flaschen und Sauger** gibt es in den verschiedensten Ausführungen und Größen. Einige Flaschen bieten Anti-Kolik-Systeme (Ein Ventil soll das Luftschlucken verhindern, dadurch werden Blähungen reduziert.), andere sind sogenannte Weithalsflaschen, welche die Befüllung etwas erleichtern. Wichtig ist, gerade für den Anfang einen Sauger mit einer kleinen Öffnung zu wählen, ansonsten trinken die Babys zu schnell und schlucken zu viel Luft. Hilfreich ist es, wenn der Flaschenhersteller bei den Saugern genaue Angaben zur Altersstufe macht (wie zum Beispiel bei der Marke »Avent« von Philips). Da es inzwischen verboten ist, Babyflaschen mit dem als gefährlich geltenden Schadstoff Bisphenol A (BPA) herzustellen, ist es eine persönliche Entscheidung, ob man sich für Plastik- oder Glasflaschen entscheidet. Plastikflaschen sind leicht, so kann das Baby sie später problemlos halten, und sie gehen nicht so schnell kaputt. Glasflaschen bleiben hingegen länger ansehnlich, da sie sich nicht verfärben können.

- **Flaschenbürsten** sind spezielle Bürsten für die Reinigung der Babyflaschen. Aus hygienischen Gründen sollten sie ausschließlich dafür genutzt werden.

- **Sterilisatoren** gibt es als elektrisches Gerät oder als Einsatz für die Mikrowelle. Ein Sterilisator kann gerade für die ersten Monate sehr nützlich sein, ist aber nicht zwingend notwendig. Alternativ kann man die Flaschen selber sterilisieren. Dazu legt man alle Teile für drei bis fünf Minuten in kochendes Wasser.

- **Thermometer** helfen dabei, die Temperatur von Babys Milchflasche zu überprüfen. Im Fachhandel sind spezielle Modelle erhältlich, ein Bratenthermometer erfüllt diesen Zweck aber auch.

- **Flaschenständer** dienen zum Abtropfen nach der Reinigung oder gleich als Aufbewahrung für die Flaschen. Eine Anschaffung ist aber nicht zwingend notwendig.

Unser Tipp Um nachts Zeit zu sparen, kann man das Wasser fürs Milchfläschchen am Abend abkochen, auf die richtige Temperatur abkühlen lassen und in eine Thermoskanne füllen. Bei Bedarf muss man das Wasser dann nur noch in das Fläschchen füllen (am besten mit dem schon portionierten Milchpulver) und fertig ist die Mahlzeit.

- Eine **Thermoskanne** ist ideal für unterwegs und zu Hause, um abgekochtes Wasser warm zu halten.
- Eine **Milchpulverbox** enthält drei separate Kammern. So kann man die vorher abgemessenen Mengen an Milchpulver praktisch für unterwegs aufbewahren und bei Bedarf direkt in die Flasche geben.

Weitere nützliche Helfer

- Der »**Cool Twister**« von Nip hilft, heißes Milchwasser sofort auf die richtige Temperatur zu bekommen. Man lässt das abgekochte Wasser durch den Cool Twister (sieht aus wie ein Minifässchen) laufen und kann es dadurch in Sekundenschnelle auf 40, 50, 60 oder 70 Grad abkühlen. Dies funktioniert über eine integrierte Kühlspirale – je nachdem welche Temperatur man erreichen will, wird das Gerät mit entsprechend mehr oder weniger Wasser befüllt. Praktisch: es benötigt keinen Strom, nach dem Gebrauch stellt man den Twister einfach zum »Kälte-Laden« in den Kühlschrank.

- Für alle, die in der Schweiz leben, könnte das Gerät **BabyNes** von Nespresso/Nestlé von Interesse sein. Das Gerät und die Kapseln sind zurzeit nur dort erhältlich. Es funktioniert wie eine Kapsel-Kaffeemaschine – man befüllt es mit der für das Gerät speziellen Milchkapsel und erhält per Knopfdruck die fertige, richtig temperierte Milch. Auch ein Schütteln der Flasche ist nicht mehr notwendig (www.babynes.ch).

BUCH

Wie, du stillst nicht? Das Praxisbuch für Mütter, die nicht stillen wollen oder können. Regina Masaracchia, Kösel, 2012.

Wickeln und baden

Wickeln

Wickeln, wickeln, wickeln – ist nun erst mal das Motto für die nächsten Jahre. Mit der richtigen Ausrüstung, und die muss nicht riesig sein, ist das Thema aber gut und schnell in den Griff zu bekommen, und die Wickel-Minuten können sogar zu einem innigen Moment für Eltern und Baby gestaltet werden.

Stoff- oder Wegwerfwindeln – oder gar keine?

Ganz zu Anfang steht die Frage, für welche Windelart man sich entscheiden möchte: Einmalwindeln, die nach Gebrauch weggeworfen werden, oder Stoffwindeln, die man selbst (oder per speziellem Windel-Service) wäscht und immer wieder verwendet. Beide haben ihre Vor- und Nachteile:

- Bei **Stoffwindeln** trägt das Baby Naturmaterialien auf der Haut, sie produzieren weniger Abfall und sind trotz der höheren Anschaffungskosten langfristig billiger. Dafür braucht man mehr Zubehör (die eigentliche Windel, dazu eventuell zusätzliche Saugeinlagen plus ein Windelhöschen für darüber), das Baby muss häufiger gewickelt werden (geringere Saugfähigkeit als bei Einmalwindeln), unterwegs muss man schmutzige Windelpakete mit nach Hause nehmen, und das Waschen ist zeitraubend.

- **Wegwerfwindeln** dagegen saugen den Urin in einem speziellen Saugkörper auf, sodass Babys Haut heutzutage weitgehend trocken bleibt. Auch kann sich der Urin nicht mit dem Stuhlgang vermischen, was die Entstehung von Ammoniak minimiert und damit die Gefahr von wunden Pos und Hautausschlägen im Windelbereich deutlich reduziert. Weiteres Zubehör ist nicht erforderlich, und Wegwerfwindeln halten besser dicht. Dafür sind sie teurer und produzieren Abfall. Es gibt auch Windeln aus biologisch abbaubaren Naturmaterialien, leider darf man gebrauchte Windeln aber nicht in die Bio-Tonne werfen, sodass sie letztlich doch wieder in der Müllverbrennungsanlage landen. Die Größen der Windeln orientieren sich am Gewicht des Babys, auf der Packung gibt es dazu immer einen Hinweis. Sogenannte Active-Modelle haben einen noch stärkeren Saugkern und bieten sich damit speziell für die Nacht an.

Von der Ökobilanz her steht kein Windelsystem günstiger da, denn beide verbrauchen Energie und haben Auswirkungen auf die Umwelt.

Und dann gibt es noch die Variante, das Kind ganz ohne Windeln aufwachsen zu lassen. Von Anfang an oder nach wenigen Lebensmonaten wird auf die Windel verzichtet, und die Eltern erkennen an diversen Signalen rechtzeitig, wenn das Kind mal muss.

> Unser Tipp Spart die Schlepperei von Wegwerfwindeln: Einige Firmen bieten Windelabos an, bei denen in regelmäßigen Abständen Windeln nach Hause geliefert werden (zum Beispiel über Amazon oder einfach bei Google unter »Windelabo« suchen).

Wickeltisch

Einen extra Wickeltisch zu haben ist praktisch, aber nicht unbedingt notwendig. Es gibt von vielen Firmen auch Wickelaufsätze aus Holz, die man einfach auf eine Kommode aufsetzt und, wenn das Wickelalter vorbei ist, wieder abnimmt. Auch eine Wickelauflage auf der Waschmaschine oder spezielle Wickelaufsätze für die Badewanne erfüllen den gewünschten Zweck. Wo immer der Platz es erlaubt, ist es auf jeden Fall schön, dem Baby eine möglichst große Wickelfläche zu geben, damit es sich bewegen, drehen und mitmachen kann. Und wer die Möglichkeit dazu hat, der achtet aus Sicherheitsgründen auf etwas höhere Seitenbegrenzungen, um das Baby davor zu schützen, sich von der Wickelfläche runterzurollen.

Wirklich praktisch ist es, einen »ständigen Wickelplatz« zu haben, damit man, vor allem wenn's mal schnell gehen muss, nicht immer erst eine Stelle frei räumen muss. Und: Zur Rückenschonung der Eltern sollte man auf eine ausreichende Höhe der Wickelfläche achten. Angenehm, aber natürlich kein Muss ist fließendes Wasser in der Nähe.

Auf jeden Fall sollte rund um den Wickelort ausreichend Platz für alles sein, was man immer schnell griffbereit braucht:

- frische Windeln
- parfümfreie Feuchttücher oder große Wattepads zum Reinigen und Trockentupfen
- Pflegeprodukte (Po-Wundschutzcreme mit Zinkoxid, bei trockener Haut Feuchtigkeitscreme und für Temperaturen unter zehn Grad Celsius eine Kälte-Gesichtscreme)
- frische Wechselkleidung

Zubehör

- **Wickelauflage:** Dies ist die weiche Unterlage, auf der das Baby beim Wickeln liegt. Es gibt sie in den verschiedensten Größen und Ausführungen, oft sind sie an den Seiten keilförmig erhöht, damit das Kind nicht so leicht wegrollen kann. Damit jedes Malheur schnell zu beseitigen ist, sollte sie mit einem (ab-)waschbaren Bezug überzogen sein (oder einfach ein

Handtuch oder eine Einmal-Wickelunterlage aus dem Drogeriemarkt drauflegen).

- **Windel-Mülleimer:** Die günstigste Variante ist einfach ein Mülleimer mit Deckel, die hochpreisigere Version ein spezieller Windeleimer, der mit einem Mülltüten-System arbeitet, in das jede Windel einzeln eingedreht und damit quasi geruchsfrei entsorgt wird. (Die passenden Müllschläuche müssen allerdings teuer nachgekauft werden.) Es geht aber auch ganz ohne Eimer, zur Geruchsvermeidung knotet man die Windeln in kleinere Mülltüten und entsorgt die einfach öfter.
- **Heizstrahler:** Kleine Babys lieben beim Wickeln die Wärme eines Heizstrahlers. Vor allem auch, weil sie anfangs die Körpertemperatur noch nicht so schnell regulieren können und bei niedrigen Temperaturen rasch auskühlen. Gerade wenn der Raum, in dem gewickelt wird, etwas kühler ist oder das Baby in den Herbst-/Wintermonaten geboren wurde, lohnt sich die Anschaffung (oder das Ausleihen) eines Heizstrahlers für den Wickelplatz. Die gängigen Modelle schraubt man an die Wand (Abstandsvorgaben einhalten!), es gibt aber auch Stand-Heizstrahler (zum Beispiel von reer oder Hartig & Helling). Bei Billigmodellen passiert es immer wieder, dass die An/Aus-Schnur abreißt. Deshalb lieber in ein Qualitätsmodell investieren.
- **Mobile:** Ein Mobile über dem Wickelplatz fasziniert Babys und ist eine gute Ablenkung, wenn das Wickeln mal als nicht ganz so spannend empfunden wird. Lässt sich auch leicht selbst machen, indem man an einem Faden aufhängt, was einem gefällt – egal ob kleines Stofftier, bunte kleine Lampions, Origami-Tiere oder Ähnliches.

Unser Tipp Babys blicken von unten auf das Mobile! Die meisten Modelle sind aber so gemacht, dass zwar die Eltern die Figuren schön sehen, das Kind aber quasi nur den Querschnitt. Also beim Kaufen oder Basteln darauf achten, ein Mobile mit »Baby-Perspektive« zu nehmen. IKEA bietet zum Beispiel ein günstiges Modell namens LEKA an.

Baden

Es gibt viele Möglichkeiten, wo ein Baby gebadet werden kann:

- In der **Baby-Badewanne:** klassisch aus Plastik, wird meist einfach in die große Badewanne gestellt. Gibt's auch mit speziellen Untergestellen (wegen der Höhe rückenschonend für die Eltern) oder als platzsparendes Faltmodell (zum Beispiel von FlexiBath).
- Im **Bade-Eimer:** Babys fühlen sich in der Enge des Eimers und in Fötushaltung sitzend wohl und können kaum wegrutschen.
- Oder: Bereits von Anfang an nur im **Waschbecken** oder der **Badewanne** baden geht auch ohne Weiteres.

Kleine Badehelfer

- **Badewannenthermometer:** nicht unbedingt notwendig, aber praktisch, wenn man sich anfangs wegen der richtigen Temperatur des Badewassers noch unsicher ist (gibt's günstig im Drogeriemarkt).

- **Anti-Rutsch-Wannenmatte:** ebenfalls keine zwingende Anschaffung, gibt einfach etwas mehr Halt beim Baden.
- **Badezusatz:** nicht unbedingt nötig, aber wenn, dann mit rückfettenden Substanzen und möglichst nur mit natürlichen Inhaltsstoffen. Haarshampoo braucht man erst später bei richtig dichtem Haar.

BÜCHER

Das Schmuse-Wickel-Buch: Die besten Bewegungs- und Entspannungsübungen für Ihr Baby. Antje Drössel, Kösel, 2011. Spielerisches Wohlfühlprogramm beim täglichen Wickeln.

Es geht auch ohne Windeln! Der sanfte Weg zur natürlichen Babypflege. Ingrid Bauer, Kösel, 2004. Die Autorin, die ihren Sohn selbst ab dem fünften Monat ohne Windeln aufwachsen ließ, plädiert für eine natürliche Säuglingspflege und gibt Hilfestellungen für den Alltag mit einem windelfreien Baby.

Windelfrei? So geht's! Lini Lindmayer, tologo Verlag, 2009. Als Grundlage für ein Aufwachsen ohne Windeln wird hier der Aufbau einer intensiven Eltern-Kind-Beziehung beschrieben, ebenso wie das Begleiten der frühkindlichen Entwicklung durch Kommunikation und Körperkontakt.

INTERNET

www.windeln.de Onlineshop, der alles rund ums Wickeln liefert, von normalen Windeln bis Stoffwindeln, von Wickelauflagen bis Heizstrahler und Windeleimer.

www.naturwindeln.de Große Infoseite rund um das Thema Stoffwindeln

www.rabeneltern.org Webseite mit kleinem Forum zur windelfreien Erziehung (➛ Wissenswertes ➛ Windelfrei)

www.diaperfreebaby.org Amerikanische Webseite zum Thema windelfreie Erziehung

KOSTENLOSE BROSCHÜREN

Babypflege. Kinder schützen – Schadstoffe vermeiden! Broschüre der WECF (Women in Europe for a Common Future), die auf gesundheitsgefährdende Substanzen in Babypflegeprodukten hinweist und Tipps gibt, wie man diese vermeiden kann. Gegen Porto zu bestellen bei WECF e.V. (Sankt-Jakobs-Platz 10, 80331 München) oder als Download über www.wecf.eu (➛ Publikationen).

Das Baby Broschüre der Bundeszentrale für gesundheitliche Aufklärung mit zwar kleinen, aber informativen Kapiteln zum Wickeln und Baden. Bestellung oder Download unter www.bzga.de (➛ Infomaterialien ➛ Familienplanung).

Babys Schlaf

Ob das Baby im eigenen Bettchen oder bei den Eltern schläft oder eventuell erst in der Nacht ins Elternbett wechselt – ein Richtig oder Falsch gibt es dafür nicht und auch keine Garantie für einen ruhigen, durchgehenden Babyschlaf. Die Entscheidung liegt hier allein im Ermessen der Eltern und hängt auch vom individuellen Schlafrhythmus des Babys ab.

Sicherer Babyschlaf

Einige Maßnahmen können die Sicherheit von Babys Schlaf erhöhen, da sie die Rate des plötzlichen Säuglingstodes in Deutschland in den letzten 20 Jahren deutlich senkten. Dazu gehören:

- Das Baby zum Schlafen immer (auch beim Mittagsschlaf) auf den Rücken legen.
- Um dabei das Plattliegen des Hinterkopfs zu vermeiden und seine Nackenmuskulatur zu trainieren: das Baby tagsüber immer wieder mal kurz (und unter Beobachtung) auf den Bauch legen oder in einer Tragehilfe tragen.
- Kann sich das Baby später von alleine drehen, sollte die Schlafposition auch nicht gewaltsam verändert werden.
- Nicht rauchen! Das beginnt schon in der Schwangerschaft und gilt erst recht, wenn das Baby da ist. Weder im Schlafzimmer noch sonst in der Wohnung sollte das Baby Rauch ausgesetzt sein.

- 18 Grad gelten als die beste Raumtemperatur für Babys Schlafzimmer. Die Luft sollte frisch und nicht zu trocken sein, das Bett weder neben einer Heizung noch in Zugluft stehen.
- Der Kopf des Babys darf durch nichts verdeckt sein, was einen Atemrückstau verursachen könnte. Also Schlafsack statt Kissen und Decke, kein Fell.
- Vor allem in den ersten vier Monaten sollte das Baby im eigenen (Beistell-) Bettchen im Elternschlafzimmer schlafen, nicht jedoch im Elternbett, um eine Überwärmung zu vermeiden.
- Schnuller anbieten.
- Für die Luftdurchlässigkeit der Matratze sorgen, also keine Kunststoffbezüge oder Gummiauflagen als Matratzenschoner verwenden.

Unser Tipp Ob dem Baby warm genug ist, lässt sich am besten testen, indem man die Finger auf seinen Nacken legt – es sollte sich warm, aber nicht verschwitzt anfühlen.

Pucken

Unter Pucken versteht man das enge Einwickeln des Babys in ein Tuch. Es heißt, dass sich viele Babys durch die feste Begrenzung geborgen fühlen und dadurch ruhiger werden. Es gibt jedoch auch kritische Stimmen, die Pucken für gefährlich halten, da das

Baby überhitzen kann, eventuell in der freien Atmung behindert oder durch die Bewegungsunfähigkeit frustriert wird.

Schreibabys

Wann spricht man überhaupt von einem Schreibaby? Zur Beantwortung dieser Frage zieht man die sogenannte Dreierregel heran: Das Baby schreit drei Stunden am Tag (nicht am Stück, sondern über 24 Stunden verteilt), drei Tage in der Woche und drei Wochen am Stück. Unabhängig von dieser Regel zählt aber auch das individuelle Empfinden der Eltern.

Die Gründe für dieses die Eltern extrem belastende Verhalten können nur vermutet werden. Neben dem Charakter des Kindes werden auch Faktoren wie starke Belastungen während der Schwangerschaft, eine schwierige Geburt oder Wochenbettdepressionen der Mutter genannt.

Betroffene Eltern können sich Hilfe beim Kinderarzt oder in einer Schreiambulanz suchen. Entsprechende Webseiten und Literatur siehe S. 162ff.

BÜCHER

Das DurchschlafBuch. Anna Wahlgren, Beltz, 2011. Die schwedische Bestsellerautorin gibt mit ihrer »Knuff-Methode« (einer Art Massage) eine Alternative zu herkömmlichen, oft als herzlos empfundenen Einschlafmethoden.

Jedes Kind kann schlafen lernen. Annette Kast-Zahn, Hartmuth Morgenroth, ObersteBrink, 2006. Das vielzitierte Einschlafbuch, dessen Methode darauf beruht, das Kind kontrolliert schreien zu lassen und damit in nur wenigen Tagen von ungünstigen Schlafgewohnheiten abzubringen.

Schlafen statt Schreien: Das liebevolle Einschlafbuch. Elizabeth Pantley, Trias, 2009. Die Autorin plädiert dafür, dass Einschlafen auch ohne Schreien möglich ist.

Schlafen lernen: Sanfte Wege für Ihr Kind. Petra Kunze, Helmut Keudel, GU, 2009. Viele Ideen und Ratschläge für eine sanfte Förderung des Einschlafens.

Kinder verstehen. Born to be wild: Wie die Evolution unsere Kinder prägt. Herbert Renz-Polster, Kösel, 2009. Enthält zwar nur zwei Kapitel zum Thema Schlafen, dennoch interessant, da das Schlafen (bei den Eltern) unter dem Aspekt der Evolution betrachtet wird.

Ich will bei euch schlafen! Ruhige Nächte für Eltern und Kinder. Sibylle Lüpold, Urania, 2009. Die Autorin erklärt, wie man Co-Sleeping (gemeinsames Schlafen der Familie) richtig durchführt und damit zu ruhigen Nächten und starken Kindern kommt, die dann auch im eigenen Bett durchschlafen.

Schlafen lernen – Der Eltern-Guide. Eltern-Redaktion, 2012. Ein E-Book der Zeitschrift Eltern mit vielen Informationen rund um den Kinderschlaf (erhältlich zum Beispiel über Amazon).

So beruhige ich mein Baby – Tipps aus der Schreiambulanz. Christine Rankl, Patmos, 2011. Die Autorin ist Psychotherapeutin und erklärt, wie Schreiprobleme entstehen, und gibt Tipps, wie man diese bewältigen kann.

Unser Baby schreit so viel! Was Eltern tun können. Paula Diederichs, Vera Olbricht, Kösel, 2002. Gezielte Selbsthilfe für gestresste Eltern. Mit vielen Beispielen, Tipps und einer Massageanleitung für Schreibabys.

Das glücklichste Baby der Welt: So beruhigt sich Ihr schreiendes Kind – so schläft es besser. Harvey Karp, Goldmann, 2003.

Wenn Babys häufig schreien: Wirksame Hilfe durch Rhythmus und Pucken. Ria Blom, Freies Geistesleben, 2005.

INTERNET

www.angelcare.de Hersteller von Sensormatten, die Babys Schlaf überwachen und einen Alarm auf eine Art Babyphon senden, sobald länger als 20 Sekunden keine Atembewegungen erfasst werden (sogenannte Klingelmatratzen).

www.sids.de Webseite der Gemeinsamen Elterninitiative Plötzlicher Säuglingstod mit Informationen zu Präventivmaßnahmen und viel kostenlosem Infomaterial zum Bestellen oder Downloaden

www.kinderschlaflabor.net Webseite des Kinderschlaflabors Cottbus, auf der unter anderem auch die Freiburger Sanduhrmethode vorgestellt wird, eine Abwandlung des kontrollierten Schreien-Lassens (➛ der Schlaf ➛ Sanduhrmethode).

www.kinderaerzte-im-netz.de Berufsverband der Kinder- und Jugendärzte, der sich kritisch zum Thema Pucken äußert: »Kinder- und Jugendärzte warnen vor Pucken: ›Pucken ist überflüssig und gefährlich für Säuglinge‹« ➛ Aktuelles ➛ Meldung vom 02. 07. 2012).

www.eltern.de/schreiambulanzadressen Adressen von Schreiambulanzen, nach Postleitzahlen geordnet, auch für Österreich und die Schweiz

www.trostreich.de Selbsthilfeinitiative, die viele Adressen von Praxen und Beratungsstellen (auch Telefonberatung) für Eltern von Schreibabys auflistet, inklusive Österreich und Schweiz

www.schreibaby.de Private Webseite mit Tipps und Hilfe für Eltern von Schreibabys

www.eltern.de Auf der Webseite der Zeitschrift *Eltern* finden sich laufend neue Artikel rund um das Thema Babys Schlaf (»Alles rund ums Schlafen« als Suchbegriff eingeben).

KOSTENLOSE BROSCHÜREN

KURZ.KNAPP. Schlafen Ein Faltblatt der Bundeszentrale für gesundheitliche Aufklärung (BZgA) mit den wichtigsten Infos zum Schlafenlernen und zum sicheren Babyschlaf. Bestellung oder Download unter www.bzga.de (➛ Infomaterialien ➛ Kinder- und Jugendgesundheit).

KURZ.KNAPP. Schreien Ein Faltblatt der BZgA zum Thema Schreien und Hinweise zu Rat und Hilfe, wenn das Schreien zur Belastung wird. Bestellung oder Download wie oben.

Impfen

Spätestens wenn das Baby neun Wochen alt ist, müssen sich Eltern mit der Frage auseinandersetzen, ob sie ihr Kind impfen lassen wollen oder nicht. Diese Entscheidung fällt oft nicht leicht. Einerseits können Impfungen bereits Kleinkinder vor vielen Krankheiten schützen. Andererseits werden Impfnebenwirkungen diskutiert sowie die grundsätzliche Frage gestellt, wie gefährlich denn die Krankheiten überhaupt sind, gegen die man sein Kind impft.

Auch wenn in Deutschland über 90 Prozent der Kinder geimpft werden, besteht keine Impfpflicht. Eltern müssen also selbst entscheiden, ob und wann und gegen welche Krankheiten sie ihr Kind impfen lassen wollen.

Empfehlungen dafür, welche Impfungen wann und für wen sinnvoll sind, gibt die ständige Impfkommission (STIKO, ein Expertengremium, dessen Tätigkeit vom Robert-Koch-Institut in Berlin koordiniert wird) einmal jährlich ab.

Informationen zum Thema Impfen erhält man selbstverständlich auch vom Kinderarzt, der Bundeszentrale für gesundheitliche Aufklärung, von Ärzteverbänden oder aus einschlägiger Literatur.

Wer bezahlt die Impfungen?

Die Impfungen, die die STIKO für Kinder empfiehlt, werden von den Krankenkassen bezahlt.

Impfausweis

Den Impfausweis erhält man vom impfenden Arzt, der darin jede Impfung einzutragen hat.

BÜCHER

Impfen Pro & Contra. Martin Hirte, Knaur, 2012. Das Handbuch für die individuelle Impfentscheidung des Kinderarztes Dr. Hirte beleuchtet eher die Kritik am Impfen und gibt einen Überblick über Impfungen, Nebenwirkungen und Alternativen.

Schutzimpfungen selbst verantwortet – Grundlagen für eigene Entscheidungen. Wolfgang Goebel, Freies Geistesleben, 2009. Informationen und Empfehlungen des Kinderarztes Dr. Wolfgang Goebel zu den Pros und Contras beim Thema Impfen.

INTERNET

www.rki.de Das Robert-Koch-Institut gibt viele Informationen zu den verschiedenen Impfungen (➛ Infektionsschutz ➛ Impfen), dort findet man auch den Webauftritt der Ständigen Impfkommission (STIKO ➛ Kommissionen ➛ Ständige Impfkommission), u. a. mit Impfkalender und Reiseimpfungs-Infos.

www.individuelle-impfentscheidung.de Verein der »Ärzte für individuelle Impfentscheidung«, der für eine differenzierte Impfberatung eintritt und auf der Webseite wissenschaftliche Informationen zum Thema verständlich darstellt. Unter »Arztsuche« findet man Ärzte, die bei der individuellen Impfentscheidung unterstützen.

www.kinderaerzte-im-netz.de Berufsverband der Kinder- und Jugendärzte, der übersichtlich zum Thema informiert (➛ Impfen schützt).

www.impfen-info.de Webseite der Bundeszentrale für gesundheitliche Aufklärung (BZgA) mit einer Mediendatenbank über das bundesweite Angebot an Materialien zum Thema Impfen (➛ Service), Entscheidungshilfen, Impfkalender, der Erläuterung, wie die Impfempfehlungen der STIKO zustande kommen etc.

www.pei.de Webseite des Paul-Ehrlich-Instituts (Bundesinstitut für Impfstoffe und biomedizinische Arzneimittel) mit Antworten auf kritische Impf-Fragen, Informationen für Verbraucher, Ärzte und Apotheker, Auflistung aller in Deutschland zugelassenen Impfstoffe und vieles mehr.

www.eltern.de (➛ Information ➛ Gesundheit ➛ Impfung) Artikel und Interviews zur Impfung

www.impfschutzverband.de Schutzverband für Impfgeschädigte e.V.

www.gesetze-im-internet.de Bietet eine aktuelle Fassung des Infektionsschutzgesetzes (IfSG). Dieses bezweckt die Vorbeugung vor übertragbaren Krankheiten beim Menschen, enthält Bestimmungen zu Impfungen, Impfstoffen etc.

KOSTENLOSE BROSCHÜREN

Impfen schützt – Sicherer Schutz vor Infektionskrankheiten für Kinder Ein Faltblatt der Bundeszentrale für gesundheitliche Aufklärung mit Informationen zu den Impfungen im Kindes- und Jugendalter, inklusive einer Tabelle, wann welche Impfungen empfohlen werden. Bestellung oder Download unter www.bzga.de (➛ Infomaterialien).

Impfschutz für die ganze Familie – 20 Fragen, 20 Antworten Eine Broschüre der Bundeszentrale für gesundheitliche Aufklärung. Bestellung oder Download unter www.bzga.de (➛ Infomaterialien).

Beikost

Egal, ob Brei, Obst, Getreide oder Gemüse – als Beikost wird alles bezeichnet, was Babys außer der Muttermilch oder Flaschennahrung bekommen. Frühestens im fünften, spätestens im siebten Monat ist es Zeit für Babys ersten Brei. Der genaue Zeitpunkt ist individuell unterschiedlich, aber wenn Babys verstärkt am Essen anderer interessiert sind (etwa durch Schmatzen oder Mundaufreißen), ist der richtige Zeitpunkt gekommen.

Wie wird die Beikost eingeführt?

Zuerst füttert man (am besten vor einer Milchmahlzeit) ein paar Löffel reines Gemüse, Süßkartoffel oder Kartoffelbrei. Nimmt das Baby die Nahrung gut an, kann diese Milchmahlzeit langsam komplett durch Brei ersetzt werden. Wichtig ist: Anfangs nicht zu schnell durchmischen, sondern alle vier bis fünf Tage ein neues Lebensmittel einführen. Aus dieser Mischung wird dann langfristig der Kartoffel-Gemüse-Fleischbrei am Mittag.

Ungefähr einen Monat später kann man die nächste Milchmahlzeit durch einen Brei ersetzen, zum Beispiel einen Milch-Getrei-

> Unser Tipp Wenn es nicht gleich klappt, ist das Baby vielleicht noch nicht so weit. Einfach ein oder zwei Wochen später noch einmal versuchen – Geduld und Gelassenheit sind hier gefragt!

de-Brei am frühen Abend. Bei Fertigbreis bitte immer darauf achten: Sie sollen keinen Zucker enthalten!

Ist nun ein weiterer Monat vergangen, ist es Zeit, eine Getreide-Obst-Mahlzeit am Nachmittag einzuführen.

> **Unser Tipp** Um Geld zu sparen, kann man genauso gut zu den normalen Markgläschen (Obstmus) greifen. Diese werden häufig auch in Bioqualität angeboten.

Die restlichen Mahlzeiten (ein bis zwei, je nach Baby) sollten weiter als Milchmahlzeiten gegeben werden. Ab dem ersten Lebensjahr kann das Baby langsam anfangen, gemeinsam mit den Eltern zu essen, so wird der Abendbrei durch Brot ersetzt und der Kartoffel-Gemüse-Fleischbrei durch ein Mittagessen. Generell gilt, die Babymahlzeiten am Anfang einfach zu halten. Das heißt, es sollten nicht zu viele verschiedene Zutaten enthalten sein.

Seit 2010 gibt es ein Konsensuspapier »Säuglingsernährung und Ernährung der stillenden Mutter« des bundesweiten »Netzwerks Junge Familie«, gefördert vom Bundesministerium für Ernährung, Landwirtschaft und Verbraucherschutz. An dem Papier waren viele Fachorganisationen beteiligt, unter anderem »Die Deutsche Gesellschaft zur Ernährung e.V.« und die »World Health Organisation« (WHO). Darin enthalten sind die neusten Empfehlungen zum Thema Einführung der Beikost:

- **Kuhmilch** nur in kleinen Mengen für die Zubereitung eines Breis geben, nicht aber als Trinkmilch vor dem 13. Lebensmonat. Keine Roh- oder Vorzugsmilch verwenden.

- Kleine Mengen von **glutenhaltigen Lebensmitteln** sollten mit Beginn der Beikost eingeführt werden. Dies gilt vor allem auch für allergiegefährdete Kinder.
- **Fisch** in den Speiseplan aufnehmen (zum Beispiel einmal wöchentlich).
- Den Einsatz von **Zucker, Süßstoffen, Salz, Aromen** und **scharfen Gewürzen** meiden.
- **Fleisch** sollte fünfmal die Woche im Brei enthalten sein, da der Fleischgehalt in gekauften Gläschen in der Regel niedrig ist.
- Von **Trinkbreien** ist abzusehen.
- **Leitungswasser** (so lange laufen lassen bis kaltes Wasser aus der Leitung kommt, nicht abgekocht) und **ungesüßte Kräuter- oder Früchtetees** jederzeit als Getränk anbieten.
- Um **Karies** vorzubeugen: Kein Dauernuckeln, da die Selbstreinigung durch den Speichel fehlt (Das gilt auch, wenn nur Wasser in der Flasche ist!) und keine Milchflasche zum Einschlafen.

Unser Tipp Viele Eltern machen sich Sorgen, ob ihr Kind genügend isst. Dabei werden am Ende des Tages aber gerne die kleinen Zwischenmahlzeiten (und wichtigen Kaloriengeber!) wie Joghurt oder Bananen übersehen. Hier kann ein Ernährungstagebuch eine gute Hilfe sein.

Ob man den Brei selbst kocht oder auf gekaufte Gläschen zurückgreift, ist eine ganz persönliche Entscheidung. Fertiggläschen unterliegen sehr strengen Kontrollen, vor allem was den Schadstoffgehalt angeht. Kocht man selbst, sollte man auf eine hohe Qualität der Produkte achten.

Kleine Hilfen

- **Lätzchen** sind eine unerlässliche Hilfe bei Babys Fütterung. Ob man nun eine Baumwollvariante oder ein leicht abwaschbare Plastikvariante wählt, bleibt jedem selbst überlassen. Wer nach dezenten Modellen sucht, wird zum Beispiel bei Ikea, American Apparel oder aden + anais fündig. Lätzchen mit Klettverschluss oder Magnet sind besonders praktisch.
- **Babys erstes Geschirr:** Babys neigen zu unkontrollierten Bewegungen – ein echtes Problem für das teure Porzellangeschirr. Plastikgeschirr ist deshalb quasi eine Pflichtanschaffung, wenn die Beikost eingeführt wird. Sobald die Babys beginnen, eigenständig zu essen, kommt man um den Kauf (zum Beispiel von Rice oder Skip Hop) sowieso nicht mehr herum.
- **Babykostwärmer** werden zum Aufwärmen von Gläschen verwendet. Ein Kochtopf für das Erwärmen im Wasserbad oder die Mikrowelle reichen aber vollkommen aus.

Unser Tipp Karottenflecken aus Babys Kleidung bekommt man am besten wieder raus, wenn man das Kleidungsstück in die Sonne legt. Das Sonnenlicht bleicht den Fleck aus.

- **Warmhaltebox für Brei** hält Babys Nahrung unterwegs warm. Gibt es zum Beispiel aus Edelstahl unter anderem von der Firma Reer.
- **Zauberstab / Flotte Lotte** ein nützliches Utensil zum pürieren, sofern man Babys Brei selber zubereiten möchte.
- **Babynahrungszubereiter** sind Multifunktionsgeräte, die sowohl Dampfgaren als auch Mixen können, wie zum Beispiel von der Firma Philips Avent. Eine andere Variante gibt es von Beaba, die zusätzlich auch noch die Funktionen Auftauen und Aufwärmen hat. Und wer das ganz Besondere sucht und bereit ist dafür zu zahlen, sollte sich den Thermomix von Vorwerk ansehen.

BÜCHER

Kochen für Babys. Sonja Sammüller, Edition XXL, 2010.

Die besten Breie für Ihr Baby. Anne Iburg, Trias, 2010.

Das große GU Kochbuch für Babys und Kleinkinder. Dagmar von Cramm, GU, 2007.

KOSTENPFLICHTIGE BROSCHÜREN

Empfehlungen für die Ernährung von Säuglingen Broschüre des Forschungsinstituts für Kinderernährung Dortmund, 2012, zu bestellen unter www.fke-do.de oder per Telefon: 01805/798183.

Empfehlungen für die Ernährung von Säuglingen und Kindern mit einer Lebensmittelallergie Broschüre des Forschungsinstituts für Kinderernährung Dortmund, zu bestellen unter www.fke-do.de oder per Telefon: 01805/798183.

Ernährung von Säuglingen Broschüre der Deutschen Gesellschaft für Ernährung e.V., zu bestellen unter www.dge-medienservice.de.

Das beste Essen für Kinder Broschüre der Deutschen Gesellschaft für Ernährung e.V., zu bestellen unter www.dge-medienservice.de.

INTERNET

www.gesund-ins-leben.de Sehr informative Internetseite des Bundesministeriums für Ernährung, Landwirtschaft und Verbraucherschutz mit vielen Informationen zum Thema Stillen und Ernährung des Babys

www.kindergesundheit-info.de Zahlreiche Informationen zu den Themen Beikosteinführung, Ernährung, Schlafen, Spielen,

Mediennutzung und so weiter. Von der Bundeszentrale für gesundheitliche Aufklärung (BZgA)

KOSTENLOSE BROSCHÜREN

Säuglingsernährung und Ernährung der stillenden Mutter. Handlungsempfehlungen – Ein Konsensuspapier im Auftrag des bundesweiten Netzwerks Junge Familie Als Download unter www.gesund-ins-leben.de (➝ Fachkräfte ➝ Handlungsempfehlungen ➝ Erstes Lebensjahr).

KURZ.KNAPP. Der erste Brei Ein Faltblatt der Bundeszentrale für gesundheitliche Aufklärung, als Download oder als Broschüre zum Bestellen unter www.bzga.de (➝ Infomaterialien ➝ Kinder und Jugendgesundheit).

Das Baby Broschüre der Bundeszentrale für gesundheitliche Aufklärung (BZGA), als Download oder als Broschüre zum Bestellen unter www.bzga.de (➝ Infomaterialien ➝ Kinder und Jugendgesundheit).

Das beste Essen fürs Baby Als Download unter www.gesund-ins-leben.de (➝ Für Familien ➝ Erstes Lebensjahr)

Bewegung und Förderung: Von Babymassage bis Krabbelgruppe

Kurse für Eltern mit Babys boomen. Bewegung und Austausch sollen nicht nur Babys Wohl fördern, sondern erlauben vor allem auch einen Austausch unter Eltern. Allgemein wird geraten: Zwei Kurse pro Woche oder einer alle drei Tage ist vollkommen ausreichend, ansonsten könnte das Baby mit Reizen überflutet werden. Hier die gängigsten Angebote:

- **Pekip (Prager Eltern-Kind Programm):** Das Konzept wurde von dem tschechischen Psychologen Dr. Jaroslav Koch in den 1960er Jahren entwickelt. In kleinen Gruppen von möglichst gleichaltrigen Babys gemeinsam mit Mutter oder Vater sollen die Babys durch ganzheitliche Spiel- und Bewegungsangebote angeregt werden. Besonders ist hierbei, dass sich die Babys ohne Kleidung und Windeln bewegen. Einstiegsalter ist ab dem vierten Monat, die Kurse finden unter der Leitung einer ausgebildeten Gruppenleiterin statt.

- **Babymassage:** Hier verwöhnen Eltern ihre Babys mit leichten Streichelmassagen nach Anleitung. Die Massagen basieren je nach Kursausrichtung auf indischen oder schwedischen Massagetechniken. Beginnen kann man ab der sechsten Lebenswoche. Nach dem sechsten Monat wird es schwieriger, weil Babys dann meist nicht mehr stillhalten wollen.

- **Babyschwimmen:** Babyschwimmen findet in kleinen Gruppen in einem gut geheizten Schwimmbecken statt. Mit Schwimmenlernen hat dieser Kurs allerdings wenig zu tun. Es wird gesungen und mit Hilfe von Gießkannen, Schwimmnudeln und Matten werden ganz nebenbei spielerisch die Muskeln gestärkt. Sobald das Baby seinen Kopf eigenständig halten kann, meist im dritten Monat, kann man beginnen. Zum Schwimmen zieht man den Babys Schwimmwindeln oder spezielle Schwimmhöschen an, die im Fachhandel oder Drogeriemarkt erhältlich sind.

- **Baby-Yoga:** Beim Baby-Yoga steht die Entspannung im Vordergrund. Es gibt sowohl Übungen für die Mutter als auch fürs Baby, diese werden fließend, rhythmisch und der Atmung entsprechend ausgeführt. Die Mutter hilft dem Baby mit sanften Bewegungen in verschiedene Positionen. Hier gibt es verschiedene Angebote: für Neugeborene oder für Babys, die sich bereits drehen können.

- **Krabbelgruppe:** Krabbelgruppen werden entweder privat organisiert oder zum Beispiel von Kirchen und Familienzentren. Diese Gruppen sind vor allem auch für den Erfahrungsaustausch unter Müttern interessant. Hier gibt es keinen speziellen Zeitpunkt, der für den Beginn empfohlen wird, man kann jederzeit einsteigen.

- **Musikgarten:** Das Konzept der frühkindlichen musikalischen Förderung stammt von Dr. Lorna Lutz Heyge und kam Mitte der 1990er Jahre nach Deutschland. Es wird gemeinsam getanzt und gesungen. Die erste Kurseinheit (Musikgarten für Babys) richtet sich an Säuglinge bis 18 Monate. Die Kurse werden unter anderem in Musikschulen oder Familienbildungsstätten angeboten.

Neben diesen Angeboten gibt es zahlreiche weitere Kurse, die auf verschiedensten Konzepten frühkindlicher Förderung basieren:

- **Baby-Shiatsu:** Hier handelt es sich um eine japanische Methode, bei der die Mutter durch angeleitete Griffe, mit Hand- und Fingerdruck, die Meridiane des Babys stimuliert. Energieblockaden können so gelöst werden.
- **DELFI** ist ein Konzept evangelischer Familienbildung mit Bewegungs- und Wahrnehmungsübungen. Kurse werden für Babys in Begleitung ihrer Eltern angeboten, die zum Kursbeginn sechs bis zwölf Wochen alt sind, aber auch ein späterer Beginn ist möglich.
- **FABEL** ist ein Konzept, das von der Gesellschaft für Geburtsvorbereitung-Familienbildung und Frauengesundheit-Bundesverband e.V. entwickelt wurde. Die Kurse werden angeleitet und richten sich an Eltern mit Babys im ersten Lebensjahr.
- **FenKid:** Das Konzept basiert auf verschiedenen wissenschaftlichen Erkenntnissen, sowie pädagogischen Konzepten. Kernstück des Kurses ist aber freies Spielen mit einem anschließenden Austausch der Beobachtungen und Fragen der Eltern.
- **Pikler:** Bei Kursen die nach der Kinderärztin Emmi Pikler ausgerichtet sind, steht das selbstständige Spielen im Vordergrund. Anders als in anderen Kursen werden den Kindern keine konkreten Spielangebote angeboten.

BÜCHER

PEKIP. Babys spielerisch fördern. Anne Pulkkinen, GU, 2008.

PEKIP – Die 50 schönsten Spiele. Anne Pulkkinen, GU, 2012. Tischaufsteller mit Ringbindung, kann so neben das Baby auf den Boden gestellt werden: für Spiele mit dem Baby zu Hause.

Schmetterling und Katzenpfoten – Sanfte Massagen für Babys und Kleinkinder. Margarita Klein, Ökotopia, 2009. Ein Plus ist ein beigefügtes Poster mit Kurzanleitungen.

Sanfte Hände: Die traditionelle Kunst der indischen Baby-Massage. Frédérick Leboyer, Kösel, 2007. Inklusive DVD mit Anleitungen.

Babymassage. Christina Voormann, Govin Dandekar, GU, 2009.

Babymassage – Wohltuende Entspannung für Mutter und Kind. Heike Wischer, Irisiana, 2009.

Bindung durch Berührung: Schmetterlingsmassage für Eltern und Babys. Mechthild Deyringer, Leutner Verlag, 2008. Inklusive einer Begleit-CD.

Baby-Shiatsu – Glücksgriffe für Winzlinge. Karin Kalbantner-Wernicke, Tina Haase, Monika Werneke, Kösel, 2011.

Yoga für Mutter und Baby. Julie Llewellyn-Thomas, Südwest, 2006.

babySignal – Mit den Händen sprechen: Spielerisch kommunizieren mit den Kleinsten. Wiebke Gericke, Kösel, 2009. Mit

Hilfe von Zeichnungen und Fotos lernt man das Wichtigste zur Babygebärdensprache und wie man so spielerisch mit seinem Baby kommunizieren kann.

Zehn kleine Krabbelfinger. Marianne Austermann, Gesa Wohlleben, 2002, Kösel. Tolle Anregungen für verschiedenste Arten von Spielen für Babys erste Jahre.

52 Vergnügungen fürs Baby und Sie. Lynn Gordon, Kunstmann, 2011. Nicht in Buchform, sondern als Kartenset, erhalten hier Eltern neben Basteltipps schöne Ideen und Anregungen für eine gemeinsame Zeit mit dem Baby.

INTERNET

www.pekip.de Auf dieser Seite erhält man alle relevanten Informationen zu PEKIP und Kursangeboten in der Nähe.

www.dgbm.de Eine Informationsseite der Deutschen Gesellschaft für Baby- und Kindermassage e.V. mit Suchfunktion nach Kursen nach Postleitzahlen

www.ifem.info Eine Seite des Instituts für elementare Musikerziehung mit Informationen zum »Musikgarten«

www.delfi-online.de Informationen zum DELFI Konzept, zu Gruppen und Fortbildungen

www.fenkid.de Weiterführende Informationen zum Fenkid Konzept

www.fabel-kurs.de Alles Wissenswerte zu den Fabel Kursen

www.pikler.de Eine Webseite der Pikler Gesellschaft Berlin e.V. mit Informationen zu Emmi Pikler und Seminarangeboten

Baby-Hausapotheke

Schon eine kleine, aber gut sortierte Baby-Hausapotheke hilft bei vielen Erkrankungen und kleinen Verletzungen. Und da Babys und Kleinkinder ja gern mal über Nacht oder am Wochenende krank werden, spart man sich so den Gang zur Notdienst-Apotheke.

Alle Kosten für Kindermedikamente trägt übrigens die Krankenkasse, sofern sie vom Arzt verschrieben wurden.

Unser Tipp In fast allen Städten werden Erste-Hilfe-Kurse speziell für Kindernotfälle angeboten, siehe bei »Internet«, S. 185f. Manchmal dürfen die Babys/Kleinkinder zum Kurs sogar mitkommen.

Grundausstattung

- **Fieberthermometer:** Bei den klassischen für die rektale Messung sind digitale Thermometer schnell und genau. Praktisch: Es gibt auch digitale Infrarot-Thermometer, mit denen die Temperatur im Ohr gemessen werden kann. Hier wird kritisiert, diese würden zu ungenau messen. Kinderärzte empfehlen aber, einfach drei Mal zu messen und daraus einen Mittelwert zu nehmen. Auch Schnuller mit eingebautem Fieberthermometer sind erhältlich (zum Beispiel von Avent, microlife, reer, Beurer).

- **Pflaster**, zwei sterile **Kompressen, Leukoplast**
- **Pinzette** zum Entfernen von Splittern etc.
- **Desinfektionsmittel** für Schnitt- oder Schürfwunden (zum Beispiel Octanisept)
- **Kirschkernkissen** (Bei Wärmflaschen besteht Verbrühungsgefahr durch auslaufendes Wasser.)
- **CoolPack** (am besten gleich immer zwei im Eisfach aufbewahren)
- **Sonnencreme** mit hohem Lichtschutzfaktor
- Eine Liste mit den örtlichen **Notruf- und Giftnotruf-Telefonnummern** und den persönlichen Rufnummern für Not- oder Krankheitsfälle, wie zum Beispiel die von Kinderarzt, Hausarzt,

Unser Tipp Kinder-Inhalationsgeräte sind teuer und werden nur von wenigen Krankenkassen bezahlt. Eine günstige und sinnvolle Alternative sind Leihgeräte, die viele Apotheken oder auch Kinderärzte anbieten. Mit entsprechendem Rezept des Arztes tragen im Allgemeinen die Krankenkassen die Leihgebühren.

dem nächsten (Kinder-)Krankenhaus, der Apotheke, Krankentransport etc.

- **Erste-Hilfe-Handbuch** speziell für Kindernotfälle (vorher lesen, im Notfall hat man keine Zeit zum Nachschlagen)

Medikamente, Globuli & Co.

Welche Medikamente man in seine Baby-Hausapotheke aufnimmt, wird natürlich stark geprägt vom individuellen Befinden des Kindes sowie der Einstellung des Hausarztes oder der Eltern. Unsere Aufzählung kann ein guter Grundstock für den Anfang sein, der dann im Laufe der Zeit individuell ergänzt wird.

Wie immer gilt natürlich auch hier: **Wenden Sie die vorgeschlagenen Mittel nur nach Rücksprache mit einem Arzt oder Apotheker an.**

- Zinksalbe gegen wunden Po
- Baby-Nasentropfen mit abschwellender Wirkung
- fiebersenkende und schmerzstillende Zäpfchen für Babys, zum Beispiel mit dem Wirkstoff Paracetamol
- Zäpfchen gegen starkes, akutes Erbrechen, zum Beispiel Vomex
- Elektrolyt-Lösung zum Ausgleich von Flüssigkeits- und Elektrolytverlust bei starkem Durchfall/Erbrechen. Als Pulver zum Auflösen in der Apotheke erhältlich, lässt sich aber auch selbst herstellen: in 500 ml Wasser fünf Teelöffel Zucker und einen halben Teelöffel Salz auflösen.

- Bei Verdacht auf Ohrenschmerzen: besser als Ohrentropfen hilft Wärme oder ein Zwiebelsäckchen (Zwiebeln kleinschneiden, eventuell etwas erwärmen, in ein Säckchen/Socke geben und mindestens eine halbe Stunde auf das betroffene Ohr legen, gegebenenfalls mit Stirnband/Mütze fixieren). Wenn die Schmerzen länger bestehen als 24 Stunden, stärker werden oder Fieber dazukommt: Natürlich unbedingt einen Arzt aufsuchen.
- Linderung gegen Zahnungsbeschwerden: Osanit-Globuli
- Für Kleinkinder: Apis Belladonna Globuli gegen Halsschmerzen

Unser Tipp Manche Medikamente wie Nasentropfen, Hustensäfte etc. sind nach Anbruch nur für eine gewisse Zeit haltbar. Deshalb das Öffnungsdatum am besten gleich auf die Packung schreiben. Ebenso hilfreich: die Dosierung auf dem Medikament zu notieren, falls der Arzt eine vom Beipackzettel abweichende empfohlen hat.

BÜCHER

Schnelle Hilfe für Kinder – Notfallmedizin für Eltern. Janko von Ribbeck, Kösel, 2012. Kindernotfälle nach Symptomen geordnet. Mit vielen Fotos und einem Spezialteil zu Vergiftungen und Giftpflanzen.

Erste Hilfe für Ihr Kind. Herausgegeben vom Malteser Hilfsdienst, Dorling Kindersley, 2012. Von Wiederbelebungsmaßnahmen bis Erste Hilfe bei Stromverletzungen, Verbrennungen, Vergiftungen und so weiter, mit vielen anschaulichen Fotos.

Gesundheit für Kinder: Kinderkrankheiten verhüten, erkennen, behandeln: Moderne Medizin, Naturheilverfahren, Selbsthilfe. Dr. Herbert Renz-Polster, Dr. Nicole Menche, Dr. Arne Schäffler, Kösel, 2010. Das Buch zeigt, wann bei Kinderkrankheiten Naturheilkunde oder Hausmittel eingesetzt werden können und wann eine schulmedizinische Behandlung nötig ist. Dazu viele Informationen zur Entwicklung des Kindes plus ausführliche und anschauliche Beschreibungen von Krankheitsbildern.

Das Kinder Gesundheitsbuch – Kinderkrankheiten ganzheitlich vorbeugen und heilen. Jan Vagedes, Georg Soldner, GU, 2008. Die Autoren sind Kinderärzte mit anthroposophischem Ansatz und vereinen Erkenntnisse moderner Medizin mit einem ganzheitlichen Blick auf das Kind.

Quickfinder Homöopathie für Kinder. Markus Wiesenauer, GU, 2007.

INTERNET

www.patienteninfo-service.de Im Falle nicht mehr auffindbarer Beipackzettel: Dieser Dienst bietet einen Onlinezugriff auf die Packungsbeilagen einer Vielzahl von Medikamenten.

www.johanniter.de / www.malteser-kurse.de / www.erste-hilfe-fuer-kinder.de (nur München und Berlin) oder **www.drk.de** Auf diesen Seiten finden Sie Erste-Hilfe-Kurse für Kindernotfälle, über Postleitzahlensuche werden Angebote in der Nähe gezeigt.

www.kinderaerzte-im-netz.de Der Berufsverband der Kinder- und Jugendärzte bietet auf seiner Webseite eine Kinderarztsuche nach Postleitzahlen, Informationen zu Krankheiten von A bis Z und viele weitere Infos.

www.gesundes-kind.de Eine Webseite der Pharmafirma GlaxoSmithKline, auf der man Fachleuten seine Fragen rund um die Kindergesundheit stellen kann.

www.docs4you.at Über die Österreichische Gesellschaft für Kinder- und Jugendheilkunde lassen sich online Kinderspitäler und -ambulanzen sowie Kinder- und Jugendärzte in den österreichischen Bundesländern finden.

www.praxispaediatrie.ch Auch der schweizerische Berufsverband der Kinder- und Jugendärzte listet auf seiner Webseite alle Mitglieder auf. Allerdings kann nur nach Nachnamen gesucht werden und nicht nach Kantonen.

www.doktor.ch/kinderaerzte/ Das private Gesundheitsportal bietet eine Kinderarztsuche in der Schweiz nach Kantonen sortiert.

KOSTENLOSE BROSCHÜREN

WALA Kinderapotheke – Häufige Beschwerden natürlich behandeln Ratschläge und Hilfe mit natürlichen Heilmitteln bei Kindererkrankungen. Eine Broschüre der Firma WALA, deren Arzneimittel auf Grundlage der anthroposophischen Medizin basieren. Erhältlich als Download auf www.walaarzneimittel.de (➛ Ratgeber Gesundheit ➛ Kinderapotheke) oder zu bestellen beim WALA Kundenservice unter Telefon: 07164/930181.

Das Baby Broschüre der Bundeszentrale für gesundheitliche Aufklärung mit dem zwar kleinen, aber informativen Kapitel »A–Z der häufigsten Gesundheitsprobleme im Babyalter«. Bestellung oder Download unter www.bzga.de (➛ Infomaterialien ➛ Familienplanung).

Babys Ausstattung und Sicherheit

Babys Garderobe

Die Shopping-Möglichkeiten in Baby-Geschäften, im Internet, in Secondhandläden oder bei den großen Textilketten sind vielfältig, vom günstigen Body-Fünfer-Pack über das Kaschmir-Mützchen bis zum Mini-Converse-Turnschuh ist alles geboten. Für die ersten Wochen und Monate reicht aber auch eine ganz einfache Grundausstattung. Das meiste kann nach und nach besorgt werden, dann weiß man schon besser, was wirklich gebraucht wird und nützlich ist.

Erste Grundausstattung

Die besorgt man sicherheitshalber lieber früher als später, da manche Babys weit vor dem errechneten Geburtstermin zur Welt kommen. Je nach persönlicher Vorliebe und Jahreszeit entscheidet man sich beim Material der Babykleidung für Baumwolle, Wolle oder ein Wolle-Seide-Gemisch. Wichtig ist, keine Kunstfasern, sondern atmungsaktive natürliche Materialien für den Kontakt mit Babys Haut zu wählen.

Mit diesen Basic-Teilen ist man für den Anfang sehr gut ausgestattet:

- vier bis sechs **Bodys** (sie sind die »unterste Bekleidungsschicht«): mit Druckknöpfen im Schritt und je nach Jahreszeit mit langen oder kurzen Ärmeln. Tipp: Am einfachsten kann man Säuglingen sogenannte Wickel-Bodys anziehen, die muss man nicht über den Kopf ziehen, sie werden seitlich zugebunden/-geknöpft. Neugeborenen Babys passt in der Regel die Größe 56–68.
- vier bis sechs **Strampler** (mit oder ohne Füßchen), können auch als Schlafanzug verwendet werden.
- zwei bis vier **Oberteile** (als optionale zweite Schicht über dem Body)
- zwei bis vier **Strumpfhosen** oder **Leggings** (mit oder ohne Füßchen)
- ein bis zwei **Baby-Mützchen** für draußen – das Wichtigste dabei ist, dass die Mütze die Ohren bedeckt.
- ein bis zwei (Strick-)**Jäckchen**. Praktisch, weil sie sich zur Wärmeregulierung relativ schnell an- und ausziehen lassen.
- vier Paar **Babysöckchen** (dicke und dünne), zum Warmhalten der Füße. Schuhe brauchen Babys erst, wenn sie anfangen, sich aufzurichten, also circa mit zehn Monaten.
- **Baby-Schlafsack** ohne Ärmel (Ideal sind zwei, damit man wechseln kann, wenn das Baby spuckt oder die Windel nicht dicht hält.)
- **Baby-Deckchen** aus Fleece oder Wolle, ist einfach immer und überall praktisch – zum Einwickeln, als Unterlage usw.

- in der kühleren Jahreszeit ein Outfit zum Ausgehen/-fahren, zum Beispiel eine **wärmere Jacke, Mütze, Handschuhe** und **Schal**. Die Anschaffung eines Schneeanzugs ist nicht notwendig, wenn man einen warmen Fell- oder Daunensack für den Kinderwagen hat.

Unser Tipp Nach dem Kauf die ganze Babykleidung am besten vorab einmal waschen, um Imprägnierungen oder Farbüberschüsse zu entfernen.

Größentabelle

Die Zahlen der Kleidergrößen beziehen sich auf die Körperlänge des Babys. Hier eine Größentabelle für das erste Jahr:

Größe	50	56	62	68	74	80
Körperlänge in cm	45–50	51–56	57–62	63–68	69–74	75–80
Alter in Monaten	1	2	3–4	5–7	8–10	11–15

Unser Tipp Viele Secondhandläden, Kindergärten oder Kirchen bieten mehrmals jährlich Basare für Kinderkleidung an, auf denen man nicht nur günstig Sachen erwerben, sondern die nicht mehr benötigte eigene Kinderkleidung auch verkaufen kann. Gerade Säuglingsbekleidung ist wegen der kurzen Tragzeit meist sehr gut erhalten. Und einige Teile der Garderobe kann man natürlich auch selbst nähen, stricken oder häkeln, wenn man Lust und Zeit hat.

BÜCHER

Niedliche Maschen für die Kleinsten: 60 einfache Modelle zum Stricken. Bassermann, 2011. Jäckchen, Mützen, Pullis, Mützen oder Söckchen: Dieses Buch liefert Strickanleitungen für Babykleidung von ein bis zwölf Monaten.

Einfach nähen mit Lotta – 24 Projekte für Babys und Kleinkinder. Lotta Jansdotter, Knaur, 2010. Windelhöschen, Lätzchen, Mütze, Krabbeldecke – die Modelle der skandinavischen Autorin können dank Schritt-für-Schritt-Anleitungen einfach nachgenäht werden.

Klein & oho: Kinderkleidung selber nähen. Emma Hardy, OZ Creativ, 2011. Das Buch stellt 25 Projekte vor, bei denen man mit einfachen Nähtechniken schöne Kinderkleidung wie Röcke, Hosen oder Kleider, aber auch Accessoires wie Hüte oder Lätzchen selbst fertigen kann.

INTERNET

www.nestbau.info Auf der Webseite der Organisation Women in Europe for a Common Future findet man weitere Informationen, auf die beim Kleiderkauf geachtet werden kann (➛ Leben ➛ Kleidung).

www.dm.de Der Drogeriemarkt dm bietet in einigen Filialen unter der Marke Alana Basics Babykleidung an. Fast alles aus Bio-Baumwolle und zu vernünftigen Preisen. Leider gibt es noch keinen Onlineshop, zumindest aber können die Modelle auf der Webseite angesehen werden.

www.zara.com / www.hm.com Die bekannten Ketten bieten online ein Baby-Sortiment an.

www.hessnatur.com Onlineshop für Babybekleidung in Bioqualität

www.tchibo.de Tchibo bietet jahreszeitentypische Sonderaktionen an, die oft günstige Babybekleidung beinhalten. Auch später, wenn das Baby etwas größer ist, sind die Angebote interessant, zum Beispiel für Gummistiefel, Matschhosen, Schneeanzüge und vieles mehr.

www.vertbaudet.de Großes Angebot an Babybekleidung der französischen Kindermarke. Mehrlingseltern erhalten 10 Prozent Rabatt.

www.mamarella.com Umfangreiches Babykleidung-Sortiment, darunter viel aus Natur- oder Fair-Trade-Textilien

www.bellybutton.de Das Hamburger Label entwirft Mode für die Kleinsten.

www.bodendirect.de Babykleidung des englischen Modelabels, im hochpreisigen Segment. In Schlussverkaufszeiten lohnt sich ein Blick auf die Sale-Seite (➛ mini Boden).

www.babylotta-shop.de Diese Webseite für Babykleidung führt auch exklusive Labels, skandinavische Firmen und Fair-Trade-Marken.

www.jako-o.de Der Kindersachen Anbieter hat nicht nur Spielzeug, sondern auch Babykleidung im Sortiment.

www.baby-walz.de Babymode in großer Auswahl, auch für festliche Anlässe

www.tausendkind.de Die Betreiber dieser Seite wählen sorgfältig aus, welche Babykleidung sie aufnehmen und bieten eine Mischung aus vielen bekannten und kleineren Marken an.

www.melijoe.de Wer auf Markenmode steht, wird hier fündig: Melijoe bietet Baby-Outfits von Levi's bis Kenzo, Missoni, Fendi, Scotch & Soda und viele mehr.

www.dawanda.com Das Portal für Selbstgemachtes bietet natürlich auch eine Fülle individueller Babybekleidung (➛ Baby).

Wiege, Stubenwagen, Bett & Co.

Beistellbett, Gitterbett, Wiege oder Stubenwagen? Wer nicht von Familie oder Freunden ein Exemplar geliehen bekommt, steht vor der Frage, wo das Baby schlafen soll. Im ersten Lebensjahr bevorzugen es viele Eltern, das Babybettchen im Elternschlafzimmer aufzustellen. So hat man eine bessere Kontrolle über Babys Wohlbefinden und spart sich vor allem nachts so manche Laufstrecke und das Aufstehen.

Nachfolgend einige Informationen, die bei der Entscheidungsfindung helfen können.

Wiege

- **Vorteil:** Kleiner als ein Bett. Das spart Platz und viele Babys fühlen sich in kleinen, begrenzten »Schlafräumen« und bei schaukelnden Bewegungen sehr geborgen. Die Eltern können auch mal im Sitzen oder Liegen schuckeln, ohne umherlaufen zu müssen. Neben den klassischen Modellen gibt es auch welche, die an der Decke oder einem Stativ aufgehängt werden (zum Beispiel »Hängewiege Leander«) oder sich aus Pappe zusammenstecken und später recyceln lassen (Pappwiege »Green Lullaby«).
- **Nachteil:** Sie ist nur eine kurzfristige Lösung, denn nach circa fünf Monaten wird das Baby mobiler und versucht, sich in der Wiege aufzurichten. Dann wird's gefährlich, und man muss auf ein Gitterbett umsteigen.

Stubenwagen

Vielleicht ist der Stubenwagen ein bisschen aus der Mode gekommen, aber dieses »Babykörbchen auf Rädern« wird immer noch gern verwendet. Vor allem, wenn es ein Erbstück gibt, in dem schon viele Babygenerationen der Familie geschlafen haben.

- **Vorteil:** Der Wagen hat Rollen und kann so in jedes Zimmer mitgenommen werden.
- **Nachteil:** Wie die Wiege ist auch der Stubenwagen nur eine Lösung für die ersten Monate.

Beistellbett

Diese meist halbrunden Bettchen haben nur an drei Seiten Gitterstäbe und sind an der vierten Seite offen. Mit der offenen Seite wird das höhenverstellbare Beistellbett ans Elternbett geschoben (zum Beispiel von babybay oder Pinolino).

- **Vorteil:** Man hat das Baby nachts nah bei sich und muss zum Stillen oder bei Schnullerverlust nicht jedes Mal aufstehen, sondern holt das Kind einfach zu sich rüber.
- **Nachteil:** Nicht jedes Beistellbett passt nahtlos an das Elternbett. Und sobald das Baby sich selbst fortbewegen kann, möchte man es nicht mehr unbeaufsichtigt im Beistellbett lassen, da es auf das Elternbett krabbeln und von dort eventuell herunterfallen könnte.

Gitterbett

Ein Bett, das an vier Seiten Gitterstäbe hat, bei manchen Modellen sind auch bis zu drei Seiten geschlossen. Praktisch ist es, wenn der Lattenrost des Betts höhenverstellbar ist. Die höhere Einstellung schont in den ersten Monaten den Rücken der Eltern, weil man sich nicht so weit nach unten bücken muss. Sobald sich das Kind an den Stäben hochzieht, legt man die Matratze tiefer. Einige Betten haben Türchen oder eine herausnehmbare Gitterseite. Das wird dann interessant, wenn das Kind so groß ist, dass es selbst ins Bett ein- und aussteigen kann und darf.

- **Vorteil:** Das Gitterbett begleitet das Kind länger als die Wiege und der Stubenwagen und ist insofern die preiswerteste Variante.

- **Nachteil:** Die Weite/Größe des »Schlafraums« finden manche Babys unbehaglich. Ein Randschutz/Nestchen (eine Stoffbahn, die an den Stäben entlang festgeknüpft wird, zum Beispiel von IKEA) kann Abhilfe schaffen.

Unser Tipp Beim Kauf darauf achten, dass die Möbel schadstoffgeprüft sind. Folgende Siegel können eine Orientierungshilfe sein: TÜV, GS, Öko-Control oder Eco-Institut.

Matratze

Matratzen für Babys gibt es in vielen Varianten, etwa Federkern-, Schaumstoff-, Latex- oder Allergiker-Matratzen. Wichtig ist, dass die Matratze noch nicht durchgelegen ist, damit das Baby eben liegt. Sie sollte fest, aber nicht zu hart und am besten schadstoffgeprüft sein. (www.oekotest.de veröffentlicht immer wieder Testergebnisse für Babymatratzen.) Ein Stück Molton, ein textiler Matratzenschoner oder ein Handtuch unter dem Spannlaken schützen die Matratze, falls die Windel mal nicht dicht hält oder das Baby die Milch wieder ausspuckt. Es gibt auch Matratzen mit einem abnehm- und waschbaren Rundum-Bezug, was praktisch für die Reinigung ist.

Bettwäsche

Babys brauchen weder Bettdecke noch Kopfkissen. Denn zur Vorbeugung gegen den »Plötzlichen Säuglingstod« gilt es als die sicherste Art zu schlafen, wenn das Baby lediglich in seiner Nachtkleidung und in einem Baby-Schlafsack ins Bett gelegt wird.

INTERNET

www.nestbau.info Diese Internetseite gibt neben sinnvollen Tipps für die Auswahl des Babybetts (➛ Einrichten ➛ Schlafen) Informationen zum Thema »Kinderzimmer renovieren und einrichten«. Alles unter dem Aspekt, wie man schadstoffhaltige Materialien vermeiden kann (➛ Einrichten).

www.eltern.de Die *Eltern*-Webseite stellt laufend diverse Modelle von Babybetten, Wiegen etc. vor (➛ Information ➛ Baby ➛ Pflege und Ausstattung).

www.lolaloo.com Für alle Eltern, die des Kinderwagen-Schuckelns müde sind, hat die Firma Lolaloo einen Stab entwickelt, der per Klettverschluss am Wagen befestigt wird und akkubetrieben vor sich hin vibriert – nahezu geräuschlos – und damit den Wagen schaukelt. Der Clou: Auch ein Holzkinderbett kann damit zur Wiege werden. In Kombination mit den »Brio Bed Rockern« (eine Art Gummipfropfen, die unter die Füße des Betts geschraubt werden – ebenfalls auf dieser Webseite erhältlich) schuckelt der Lolaloo-Stab das Bettchen sanft hin und her. Kann auch gemietet werden.

Kindersicherung im Haushalt

Spätestens, wenn der Nachwuchs das erste Mal nach der Vase auf dem Sideboard greift oder die Pfannen aus der Küche schleift, fallen einem die Gefahrenherde in der Wohnung auf, die schleunigst aus dem Weg geräumt werden müssen. Hier folgen einige nützliche Tipps, wie man potenzielle Schwachstellen schon im Vorfeld erkennt und beseitigt!

Sicherheitshinweise für die gesamte Wohnung

- Alle **Steckdosen** mit speziellen Kindersicherungen versehen: Diese sind in jedem Drogerie- und Babyfachmarkt erhältlich und lassen sich in Sekundenschnelle anbringen.
- Die **Griffe an den Fenstern** gegen abschließbare Griffe austauschen: Zwar benötigt man dann zum Öffnen einen Schlüssel, das Kind kann das Fenster aber nicht selbst aufmachen.
- **Türstopper besorgen:** Diese Plastikhörnchen werden an die Seite der Tür geklemmt und verhindern, dass sich Babys die Finger einklemmen.
- **Treppen und Zimmer sichern:** Gittertüren versperren den Weg zu Treppenauf- und abgängen und Zimmern, die das Baby nicht betreten soll. Da es zahlreiche Modelle mit unterschiedlichen (und beweglichen!) Breiten gibt – unbedingt vorher die entsprechenden Stellen ausmessen!
- **Schränke, Kommoden und Regale überprüfen:** Da sich Ba-

bys gerne an die Einrichtung hängen und klettern, sollte man sicherstellen, dass diese nicht kippen können. Im Zweifelsfall im Baumarkt eine Wandhalterung besorgen und anbringen!

- **Heizkörper abdecken:** Besonders der Metallstift am Thermostat kann sehr heiß werden – hier mit einem Lappen oder Handtuch umwickeln.
- **Regelmäßig die Wohnung absuchen:** Parkettleisten können sich lösen und Nägel freilegen, Putz kann sich (gerade im Altbau) lösen, Gesteinsteile können locker werden. Regelmäßig einen Kontrollgang durch die Wohnung machen, um gefährliche Stellen frühzeitig zu erkennen. Keine verschluckbaren Kleinteile herumliegen lassen!
- **Glühbirnen ersetzen:** Herkömmliche Glühbirnen werden sehr heiß – besser durch energiesparende (und kalte) LED-Lichter ersetzen.
- **Gas- oder Holzkamine sperren:** Möchte man nicht auf die Wärme verzichten, so kann man im Fachhandel nach geeigneten Absicherungsmöglichkeiten fragen.
- **Unbedingt Rauchmelder installieren,** vor allem im Kinderzimmer: In vielen Bundesländern sind Rauchmelder bereits Pflicht, da zu spät entdeckte Brände immer wieder Todesopfer fordern. So sind bereits vier Atemzüge in einem verrauchten Zimmer lebensgefährlich. Die nützlichen Lebensretter sind im Fachhandel günstig erhältlich.
- **Keine heißen Getränke herumstehen lassen** und besonders sorgsam in Babys Nähe damit umgehen, um die Gefahr von le-

bensgefährlichen Verbrennungen und Verbrühungen zu vermeiden.

- **Scharfe Ecken und Kanten absichern,** zum Beispiel mit speziellen Kappen aus dem Fachhandel.
- **Chemikalien verschließen.**
- **Lampen und Kabel sichern** (nicht nur im Kinderzimmer).
- **Auf Pflanzen in der Wohnung achten,** zum Beispiel bei giftigen Früchten oder Blättern.

Sicherheitshinweise für das Kinderzimmer

- Keine **Kuscheltiere** und **Kissen** im Bett!
- **Lampen ausreichend sichern** (etwa durch Wandmontage), Kabel verstecken: Babys ziehen blitzschnell an allem, was ihnen vor die Augen kommt. Um zu vermeiden, dass die Lampe vom Regal fällt, unbedingt das Kabel so gut es geht verlegen.
- **Keine schweren Gegenstände:** Es sollten keine Schalen, Schüsseln oder sonstigen schweren Einrichtungsgegenstände im Kinderzimmer stehen. Die Gefahr, dass den Kindern etwas auf den Kopf fällt oder umfällt, ist einfach zu groß.
- **Wickeltisch:** Falls möglich, die Wickelunterlage auf den Boden legen oder nur auf einer breiten, abgesicherten Fläche wickeln.

Sicherheitshinweise für die Küche

- **Herd sichern:** Einige Modelle haben einen eingebauten Schutz, damit die Kinder die Herdplatten nicht einschalten können. Alternativ sind im Fachhandel spezielle Sicherungen erhältlich. Keine Gegenstände auf den Herdplatten stehen lassen!
- **Putz- und Spülmittel außer Reichweite halten:** Entweder man besorgt sich einen Regalstopper (der verhindert, dass Kinder die Schubladen öffnen) oder man bringt die Reinigungsmittel von vornherein nur dort unter, wo Kinder nicht hinkommen.
- **Geschirrspülmaschinen nie offen stehen lassen:** Besonders beim Besteckkasten ist die Verletzungsgefahr groß.
- **Kinder nur in die Küche lassen, wenn nichts zubereitet wird:** Bei kochendem Wasser, Kaffee, Tee oder spritzendem Fett besteht ernsthaftes Verletzungsrisiko (Verbrühungen!).
- **Griffe von Pfannen und Kochtöpfen immer zur Wand nach hinten drehen:** So vermeidet man, dass Kinder etwas zu fassen kriegen.

Sicherheitshinweise für das Badezimmer

- **Teppiche und Vorleger verwenden:** Besonders Fliesen können sehr glatt sein (vor allem, wenn sie feucht/nass sind), durch die flauschige Unterlage wird verhindert, dass Kinder ausrutschen und hinfallen.

- **Kosmetika außer Reichweite:** Haarspray, Föhn, Nagellackentferner und Co. müssen so aufbewahrt werden, dass Kinder nicht herankommen. Gilt natürlich auch für Medikamente!
- **Wasser immer ablaufen lassen!** Selbst kleinste Pfützen stellen ein Risiko für Kinder dar. Deshalb immer Waschbecken und Badewannen leeren und Toilettendeckel schließen.
- **Auf offene Mülleimer verzichten:** Rasierklingen, Binden und sonstige Abfälle lieber in den abgedeckten und abgesicherten Mülleimer in der Küche werfen.

INTERNET

www.rauchmelder-lebensretter.de Sehr informative Seite zum Thema Brandschutz zu Hause, vor allem zum Thema Rauchmelder

www.kindergesundheit-info.de informiert unter der Rubrik »Sicher aufwachsen« zu Unfallschwerpunkten und wie man die häusliche Umgebung sicher macht. Dahinter steht die Bundeszentrale für gesundheitliche Aufklärung.

www.kindersicherheit.de Eine sehr gute Webseite der Bundesarbeitsgemeinschaft Sicherheit e.V. zu Unfallrisiken in Haus und Garten, dazu Tipps zur Sicherheit

www.cleankids.de Diese Webseite informiert Eltern umfangreich zum Thema Sicherheit, Schadstoffe, Produktrückrufe usw.

www.nestbau.info Tipps zum Einrichten ohne Schadstoffe, sowie Infos zur Vermeidung von Schadstoffen in Spielzeug, Putzmittel und Körperpflege

KOSTENLOSE BROSCHÜREN

Reinigungsmittel. Kinder schützen – Schadstoffe vermeiden!
Spielzeug. Kinder schützen – Schadstoffe vermeiden!
Babypflege. Kinder schützen – Schadstoffe vermeiden!
Broschüren der WECF (Women in Europe for a Common Future). Kinder kommen nicht nur direkt in Kontakt mit Schadstoffen, sondern auch indirekt zum Beispiel bei Reinigungsmitteln, die im Haushalt verwendet werden. Die Broschüren helfen bei der richtigen Produktauswahl und geben Tipps, wie man Kinder vor unerwünschten Nebenwirkungen schützen kann. Gegen Porto zu bestellen bei WECF e.V. (Sankt-Jakobs-Platz 10, 80331 München) oder als Download unter www.wecf.eu (➛ Publikationen).

Kinder schützen – Unfälle verhüten Elternratgeber zur Unfallverhütung im Kindesalter, herausgegeben von der Bundeszentrale für gesundheitliche Aufklärung, als Download unter www.bzga.de (➛ Infomaterialien).

Mit dem Baby unterwegs

Mobil zu Fuß, mit Kinderwagen, Rad und Auto

Die Frage »Wie transportieren wir das Baby?« begleitet Eltern in vielen Phasen. Das beginnt bereits vor der Geburt mit der Auswahl von Kinderwagen und Babyschale und geht dann weiter mit den Möglichkeiten, das Baby am Körper zu tragen oder per Auto, Taxi oder Fahrrad mitzunehmen.

Das Baby am Körper tragen

Tragehilfen

Babys lieben die Nähe, Geborgenheit und den Körperkontakt der Eltern, wenn sie getragen werden. Für die Tragenden selbst gibt es zur Unterstützung Tragetücher oder andere Tragehilfen, die eine bequemere und rückenschonendere Haltung ermöglichen, als wenn das Baby auf dem Arm getragen würde. Zudem hat man die Hände frei, was alle Tätigkeiten daheim und außer Haus erleichtert.

Tragetücher

Ein Tragetuch ist ein großes spezielles Stofftuch (teilweise bis zu fünf Meter lang), mit dem das Kind in verschiedenen Varianten an den Körper des Tragenden gebunden wird. Und zwar auf der Hüfte des Tragenden sitzend, auf dessen Rücken oder am Oberkörper. Das Erlernen der unterschiedlichen Bindetechniken erfordert manchmal etwas Geduld. Es gibt jedoch viele Anleitungen dazu und auch einfachere Methoden (Bei der Ring-Sling-Methode beispielsweise wird das Tuch mit zwei Metallringen schnell und einfach fixiert.) und mittlerweile sogar ein Modell, das ganz ohne Binden auskommt. Auch helfen die Hebamme oder spezialisierte Trageberaterinnen gern weiter.

> Unser Tipp Wer bei Youtube »Tragetuch Bindeanleitung« eingibt, findet sehr viele Filme, die die unterschiedlichen Varianten anschaulich demonstrieren.

Andere Tragehilfen

Neben den Tragetüchern gibt es noch viele weitere Tragehilfen, die nicht gebunden werden müssen, sondern mit Klett- oder Klickverschlüssen arbeiten, teilweise rucksackähnliche, gefütterte Schultergurte haben oder Ähnliches. Allen gemeinsam ist, dass sie einfach anzulegen sind.

Wie findet man die richtige Tragehilfe?

Der wichtigste Tipp ist hier: Die Tragehilfe sollte vor dem Kauf unbedingt anprobiert werden. Am besten zusammen mit dem Baby, damit man sieht, ob es gut in der Tragehilfe sitzt oder sich vielleicht gar nicht wohl darin fühlt. Dabei sollte auf folgende Kriterien geachtet werden:

- Das Baby sitzt in der »Spreiz-Anhock-Haltung«, das heißt, es hockt bequem, die Beinchen hängen nicht gerade herunter, sondern sind leicht angezogen, die Knie befinden sich circa auf Höhe des Bauchnabels. Dabei sind die Beinchen leicht gespreizt, circa 60 Grad bis max. 90 Grad zwischen den Oberschenkeln.

- Der Stoff unter dem Popo des Kindes (»Steg«) reicht von Kniekehle zu Kniekehle.

- Der Rücken des Babys ist gut gestützt und dabei leicht gerundet, sein Gesicht ist dem tragenden Erwachsenen zugewendet. In dieser Haltung ist es, anders als wenn es mit dem Rücken zum Erwachsenen gewendet getragen würde, weniger optischen Einflüssen ausgesetzt. Denn diese können für Babys sehr verwirrend und damit einfach »zu viel« sein.

- Erwachsener und Baby sind gleichmäßig von der Tragehilfe umschlossen, sodass das Baby auch beim Gehen oder Vorbeugen nicht umherschwanken oder herausrutschen kann.

- Der Kopf des Babys kann bei Bedarf durch die Tragehilfe gestützt werden.

- Der Erwachsene kann eine aufrechte Haltung einnehmen und sich frei bewegen.

- Die Tragehilfe darf nirgends drücken oder scheuern und auch das Material sollte angenehm sein.

- Der Erwachsene empfindet das An- und Ablegen der Tragehilfe als einfach.

Eine Auswahl gängiger Tragehilfe-Modelle

- **Didymos** entwickelt und fertigt seit über dreißig Jahren Tragetücher in verschiedenen Größen, Farben und Materialien aus kontrolliert biologischem Anbau. Darunter auch ein Modell für besonders zarte Babys und Frühgeborene. Per Anleitungsheft und DVD wird jeder Schritt der Bindeweise ausführlich erklärt. Gegen Gebühr kann man sich auch für zwei Wochen ein Tragetuch zum Probieren ausleihen. www.didymos.de
- **Storchenwiege:** Die Firma Storchenwiege produziert Tragetücher mit der Garantie einer schadstofffreien Textilherstellung in verschiedenen Farben und Mustern, die alle mit einer Bindeanleitung geliefert werden. www.storchenwiege.de
- **Babytuch:** Ein patentiertes Tragetuch, das ohne Wickeln, Binden, Knoten und überschüssige Stoffenden auskommt. www.babytuch.com
- **Marsupi:** Tragehilfe, bei der das Baby in der anatomisch korrekten Spreiz-Anhock-Haltung sitzt, der Kopf wird gestützt, das An- und Ablegen ist mittels Klettverschluss sehr einfach und auch für verschieden große Eltern entfällt damit das Verstellen von Gurtlängen etc. www.marsupi.de
- **Bondolino:** Tragehilfe, die aus dem elastisch gewebten Stoff eines Tragetuchs hergestellt ist und sich somit dem Körper des Babys optimal anpasst. Unterstützt die korrekte Spreiz-Anhock-Haltung. Einfache Handhabung, schnell zu binden, gepolsterte Schultergurte. www.hoppediz.de
- **Manduca:** Tragehilfe mit stark gepolsterten Schultergurten,

bei der das Kind ebenfalls in der Spreiz-Anhock-Haltung sitzt. www.manduca.de

- **Ergobaby Carrier:** Tragehilfe eines hawaiianischen Herstellers, die in Front-, Rücken- oder Hüftposition getragen werden kann und in vielen Modellen lieferbar ist. www.ergobaby.eu
- **BabyBjörn:** bietet verschiedene Modelle von Tragen samt Zubehör an, zum Beispiel auch einen Fleece-Überzug für die Tragehilfe, der das Baby bei kaltem Wetter warm hält. Wird allerdings immer wieder dafür kritisiert, dass das Kind hier weder in der Spreiz-Anhock-Haltung sitzt noch der Steg von Knie zu Knie reicht. www.babybjorn.de
- **Easy Rider Tragesitz:** Keine Tragehilfe im eigentlichen Sinn, mehr ein Hüftgurt für die Eltern, der das Tragen des Kindes auf der Hüfte erleichtert (es wird quasi darauf abgesetzt) und das klassische Verbiegen der Wirbelsäule des Erwachsenen verhindert. www.baby-carrier-shop.de

BÜCHER

Ein Baby will getragen sein – Alles über geeignete Tragehilfen und die Vorteile des Tragens. Evelin Kirkilionis, Kösel, 2013.

Tragekinder – Das Kindersachbuch zum Thema Tragen und Getragenwerden. Alexandra Schneider, Regina Masaracchia, edition riedenburg, 2009.

Auf der Suche nach dem verlorenen Glück – Gegen die Zerstörung unserer Glücksfähigkeit in der frühen Kindheit. Jean Liedloff, beck'sche Reihe, 2009. Ein interessanter, wenn auch leicht verklärter Bericht, wie ein Indianerstamm seine Kinder aufwachsen lässt, unter anderem mit viel Tragen der Babys und Kleinkinder.

INTERNET

www.tragenetzwerk.de Netzwerk für professionelle Trageberatung mit einer Liste von bundesweiten Trageberaterinnen, Tragetipps und vielen interessanten Fachartikeln zum Thema.

www.mamalila.de Mamalila stellt spezielle Trage-Bekleidung für Erwachsene her, also Mäntel, Jacken oder Überzüge, unter denen der Tragling geschützt ist, die aber auch ohne Baby getragen werden können.

www.didymos.de Webseite der gleichnamigen Firma, die dort verschiedene Bindeanleitungen und viele interessante Hintergrundinformationen zum Tragen gibt.

www.baby-carrier-shop.de Onlineshop für Tragehilfen und Tragebekleidung, zudem ein praktischer Tragehilfen-Vergleich zur Erleichterung der Wahl des passenden Modells.

www.wickelkinder.de Tragetuch-Bindeanleitungen online

Das Baby im Kinderwagen

Die Anschaffung des Kinderwagens gehört zu den teuersten Investitionen für Eltern. Dass es unzählige verschiedene Modelle für die verschiedensten Anforderungen gibt und es deshalb nicht ganz leichtfällt, sich schnell einen Überblick zu verschaffen, macht die Entscheidung nicht einfacher. Die Informationen in diesem Kapitel sollen für mehr Klarheit sorgen: Kinderwagen kann man in verschiedene Kategorien einteilen, und ein Fragenkatalog hilft zusätzlich bei der Wahl des richtigen Kinderwagens.

> Unser Tipp Manche Hersteller haben Lieferzeiten von bis zu zehn Wochen – der Kinderwagen sollte also rechtzeitig ausgesucht und bestellt werden.

Kinderwagen – die verschiedenen Typen

Im Grunde lassen sich die Modelle in sechs verschiedene Typen einteilen:

- **Standard-Kinderwagen:** Gedacht ist der klassische Kinderwagen für die ersten Lebensmonate des Babys, in denen es nur liegend im Kinderwagen transportiert wird. Das Kind liegt in einer rundum geschlossenen Schale, ein Verdeck im Kopfbereich schützt vor Sonne, Wind und Regen.

- **Sportwagen:** Der Wagen für das Baby, das bereits selbstständig aufrecht sitzen kann. Es blickt dabei in Fahrtrichtung oder zum Schiebenden. Die Rückenlehne ist oft in Sitz-, Halbschräg-

und Liegeposition verstellbar. Die Füße können auf eine Fußraste aufgesetzt werden.

- **Kombiwagen:** Zwei in einem – ein Wagen, der zuerst Standard-Kinderwagen ist und sich später (ungefähr wenn das Baby sechs Monate alt ist und aufrecht sitzen will und kann) in einen Sportwagen umbauen lässt. Somit spart man sich die Anschaffung von zwei verschiedenen Wagen. Kombiwagen haben zuerst eine Liegeschale, die dann zum Sportsitz umgebaut wird. Dieser ist idealerweise in verschiedene Positionen zu kippen (aufrechte Sitzposition, waagrechte Schlafposition plus schräge Position für Babys, die noch nicht ganz aufrecht sitzen können) und hat Gurte zur Sicherung des Kindes.
- **Buggy:** Der Buggy ähnelt dem Sportwagen – er ist aber schmaler, klein zusammenfaltbar (praktisch für schnelles Ein- und Ausladen ins Auto), hat in der Regel Doppelräder und nur selten eine Federung oder eine verstellbare Rückenlehne. Er ist deshalb eher als Zusatzwagen für kurze Strecken gedacht und kann einen Sportwagen nicht ersetzen, da das Kind darin weniger bequem sitzt und auch längeres Schieben abseits von Asphaltflächen wegen der kleinen Räder anstrengend ist.
- **Jogger:** Der Jogger ist für Eltern gedacht, die mit dem Wagen auch joggen oder inlineskaten wollen oder viel in unebenem Gelände unterwegs sind. Er hat meist nur drei Räder, diese sind größer als die normalen Kinderwagen-Räder, die Bremse befindet sich am Schiebebügel. Das Kind sitzt in einem Sportsitz (Es gibt aber auch Modelle mit Kinderwagen-Aufsätzen.) und ist mit einem Fünfpunkt-Gurt bei schnelleren Fahrgeschwindigkeiten bestens gesichert. Nachteil: In öffentlichen

Verkehrsmitteln nicht wendig und zusammengeklappt braucht er viel Platz.

- **Geschwisterwagen:** Ein Wagen, in dem zwei Kinder Platz finden. In den einen Modellen sitzen sie dabei nebeneinander, in den anderen hintereinander. Einige Modelle lassen sich zuerst auch nur für ein Kind nutzen und später für das zweite Kind verbreitern (➛ »Zwillinge«, S. 252).

Wie findet man den richtigen Kinderwagen?

Die Beratung in einem Fachgeschäft lohnt sich, dort können verschiedene Modelle gezeigt und in der Handhabung erklärt werden. Schiebt man den Wagen selbst herum, bekommt man bereits ein sehr gutes Gefühl dafür, welches Modell einem mehr liegt.

Die folgenden Fragen und Kriterien helfen bei der Wahl des richtigen Wagens:

- Sind Geschwister geplant oder hat man bereits ein Kleinkind? Dann kann es sinnvoll sein, sich nach Wagen zu erkundigen, die sich zu einem Geschwisterwagen erweitern lassen oder an denen man ein sogenanntes Kiddyboard befestigen kann, auf dem das ältere Kind stehend mitfährt.

- Wo wird der Kinderwagen hauptsächlich benutzt? Wer mehr auf unebenem Terrain unterwegs ist (Feldwege, grobes Kopfsteinpflaster), fährt mit großen und breiten, feststellbaren Vorderrädern mit Profil besser. In der Stadt hingegen (ebene Fahrbahn, enge öffentliche Verkehrsmittel, Bordsteinkanten und so weiter) ist man mit schwenkbaren Vorderrädern und einem kleinen Wendekreis des Wagens besser beraten.

Unser Tipp Auf den Internetplattformen Ebay, Ebay-Kleinanzeigen und Quoka bieten viele Eltern ihre gebrauchten Kinderwagen oder deren Zubehör an. Darunter finden sich oft auch Markenwagen in sehr gutem Zustand, speziell, wenn sie nur selten oder als Zweitwagen genutzt wurden. Und die sind damit eventuell sogar besser, als ein qualitativ geringwertigeres Billigmodell. Deshalb lohnt sich auch ein Blick in die Kinderabteilung eines Secondhandladens. Auch dort finden sich oft gebrauchte Kinderwagen.

- Wohnt man in einem höheren Stockwerk ohne Lift? Es gibt Modelle, bei denen die Liegeschale wie eine Tragetasche vom Wagen abgenommen werden kann. Ist das Kind eingeschlafen, wenn man heimkommt, muss man es nicht aus dem Wagen nehmen und weckt es eventuell auf, sondern trägt es in der Tragetasche hoch.
- Zur Bremse: In bergigem Gelände oder wenn der Wagen zum Joggen benutzt wird, sollte man sich für eine Handbremse am Griff des Wagens entscheiden, da sie leichter zu bedienen ist als eine Fußbremse. In jedem Fall sollte die Bremse den Wagen sicher fixieren und einfach in der Handhabung sein.
- Kann die Babyschale, also der Baby-Kindersitz fürs Auto, mit Adaptern auf das Fahrgestell des Kinderwagens geklickt werden? Das ist praktisch, wenn das Kind während der Autofahrt eingeschlafen ist, man danach zum Beispiel aber noch zum Kinderarzt oder zum Einkaufen muss.

> **Unser Tipp** Mit Reflektoren oder Leuchtstreifen versehen wird der Kinderwagen auch nachts besser sichtbar.

- Gibt es Testergebnisse (z. B. von Stiftung Warentest) zu Sicherheit, Schadstoffen im Material etc. für das favorisierte Modell?
- Lässt sich der Wagen leicht zusammen- und wieder auseinanderklappen?
- Lässt sich die Sitzrichtung ändern?
- Passt der Kinderwagen ins Auto?
- Passt der Wagen durch einen Türrahmen normaler Breite?
- Soll der Wagen von unterschiedlich großen Personen geschoben werden? Dafür gibt es Modelle mit höhenverstellbaren bzw. kippbaren Griffen.
- Hat der Wagen ein GS-Zeichen (»Geprüfte Sicherheit«)? Daran erkennt man, dass er durch eine neutrale Institution (zum Beispiel den TÜV) nach speziellen gesetzlichen Vorgaben auf seine Sicherheit geprüft wurde.
- Muss Zubehör wie Matratze, Regenschutz, Sonnenschirm dazugekauft werden oder ist es im Preis inbegriffen?
- Hält die Achse die Benutzung eines sogenannten Kiddy Boards durch ein größeres Kind aus?
- Und, nicht ganz unwichtig: Bietet der Wagen genug Stauraum für Einkäufe, Regenüberzug, Sandspielzeug?

Transport per Fahrrad (Fahrradsitz, Fahrradhänger, Lastenfahrrad)

Fahrradsitz

Ein Fahrradsitz kann verwendet werden, sobald das Kind sicher eigenständig sitzen kann. Zu unterscheiden ist zwischen Front- und Heckmodellen. Die meisten Testergebnisse zeigen auf, dass der Transport hinten auf dem Fahrrad sicherer ist als vorne. Damit der Sitz an die Größe des Kindes angepasst werden kann, sollte man beim Kauf auf verstellbare Gurtsysteme und Fußhalterungen achten. Für Kinder, die leicht einschlafen, ist es außerdem ratsam einen Fahrradsitz zu wählen, den man nach hinten kippen kann.

> Unser Tipp Um das Ein- und Aussteigen des Kindes zu erleichtern, empfiehlt es sich, das Fahrrad gegebenenfalls auf einen stabilen Ständer umzurüsten. Man sollte niemals das Kind alleine im Fahrradsitz lassen, durch plötzliche Bewegungen könnte es umfallen!

Eine Auswahl gängiger Anbieter von Fahrradsitzen

- **Britax Römer:** www.britax-roemer.de
- **Hamax:** www.hamax.com
- **Kettler:** www.kettler.net
- **Pletscher:** www.pletscher.ch

- **OK Baby:** www.okbaby.it
- **Bobike:** www.bobike.nl
- **Weeride:** www.weeride.de

Unser Tipp Nicht jedes Fahrrad ist kindersitztauglich, am besten man nimmt das Fahrrad zum Kauf mit!

Fahrradanhänger

Fahrradanhänger sind zwar kostspieliger als Kindersitze, gelten aber im Allgemeinen als sicherer, wie Tests der Stiftung Warentest zeigten. Denn stürzt der Fahrradfahrer, bleibt der Anhänger normalerweise mit allen Rädern am Boden. Zu unterscheiden ist zwischen Ein- und Zweisitzern. Auch Babys können im Anhänger transportiert werden, allerdings müssen hier entsprechende Radanhänger-Babyschalen vom Anbieter erworben werden. Bei einigen Modellen lassen sich per Adapter (vom Anbieter zu erwerben) die gängigen Autobabyschalen montieren. Fahrradanhänger bieten den Vorteil, dass Kinder vor Fahrtwind und Wetter gut geschützt sind und bequem während der Fahrt schlafen können. Allerdings sind sie den Autoabgasen ausgesetzt! Praktisch ist es, einen Rückspiegel am Fahrrad zu montieren, so hat man den Verkehr und das Kind immer im Blick. Wie beim Fahrradsitz gilt auch hier: Ein Doppelständer am Fahrrad verhindert, dass dieses beim Ein- und Aussteigen des Kindes umkippt. Die meisten Modelle lassen sich abgekoppelt vom Fahrrad separat als Buggy (vier Reifen) oder Jogger (drei Reifen) nutzen.

Eine Auswahl gängiger Anbieter von Fahrradanhängern

- **Burley:** Ein- und Zweisitzer. Der Anhänger kann auch separat als Buggy/Jogger genutzt werden. www.burley.de
- **Chariot:** Ein- und Zweisitzer. Der Anhänger kann auch separat als Buggy/Jogger genutzt werden. www.chariot.de
- **Croozer:** Ein- und Zweisitzer. Der Anhänger kann auch separat als Buggy/Jogger genutzt werden. www.croozer.de
- **Kid's Tourer:** Zweisitzer. Der Anhänger kann auch separat als Buggy/Jogger verwendet werden. www.kidstouring.de
- **Kindercar:** Zweisitzer (Besonderheit: Wenn nur ein Kind transportiert wird, kann es in der Mitte sitzen, was für optimale Stabilität sorgt). Der Anhänger kann auch separat als Buggy/Jogger verwendet werden. www.kindercar.de
- **Tout Terrain:** Einsitzer. Der Anhänger hat nur einen Reifen und ist damit auch für Mountainbike-Touren geeignet. www.tout-terrain.de
- **Weber:** Zweisitzer. Der Anhänger kann auch separat als Buggy/Jogger genutzt werden. www.weber-products.de

Lastenfahrrad

Lastenfahrräder, oft auch Familienräder oder Transporträder genannt, werden immer beliebter. Sie sind aber leider auch kostspieliger als Fahrradanhänger. Je nach Ausführung können zwei bis vier Kinder transportiert werden. Sie sitzen vor dem Fahrer in einer kleinen »Kabine«, die meistens ein fester Bestandteil des

Fahrrades ist. Allerdings kann das Fahrrad dann nicht ohne diese Kabine genutzt werden. Der große Vorteil gegenüber einem Anhänger ist, dass man so die Kinder im Blickfeld hat und jederzeit mit ihnen reden kann. Bei den meisten Modellen besteht auch die Möglichkeit, eine Babyschale zu montieren.

Das Fahrgefühl ist zunächst fremd. Der Wendekreis ist größer als beim normalen Fahrrad, und das Anfahren erfordert etwas mehr Kraft. Deshalb sollte das Navigieren dieser Fahrräder zunächst geübt werden, am besten ohne Kinder.

Eine Auswahl gängiger Anbieter von Lastenfahrrädern

- **Babboe:** www.babboe.de
- **Bakfiets:** www.bakfiets.de
- **Christiania:** www.christianiabikes.de
- **Gazelle Cabby:** www.gazelle.de
- **Johnny Loco:** www.johnnylococargo.de
- **Nihola:** www.nihola.com
- **trioBike:** www.triobike.com
- **Winther Kangaroo:** www.kangaroobike.com

Unser Tipp Das Babboe und trioBike gibt es auch als Elektrofahrrad!

Multifunktionsräder

Folgende Firmen bieten Multifunktionsräder, die mehrere Funktionen in einem Modell vereinen:

- **Taga:** Dieses Modell kann als Lastenfahrrad, Kinderwagen, Jogger und Citybike genutzt werden. www.tagabikes.com
- Das **Zigo Leader** kann neben den gerade genannten Funktionen noch zusätzlich als Fahrradanhänger genutzt werden. www.myzigo.com

> Unser Tipp Egal, ob man das Kind im Fahrradsitz, Anhänger oder im Lastenfahrrad transportiert, es sollte angeschnallt sein und einen Fahrradhelm tragen! Anders als in Deutschland besteht in Österreich bis zum zwölften Lebensjahr eine Helmpflicht.

Transport per Auto

Babyschalen

Will man das Baby im Auto transportieren, ist eine Babyschale Pflicht. Diese kann auf der Rückbank befestigt werden oder, sofern sich der Airbag ausschalten lässt, auch auf dem Beifahrersitz.

Wichtig: Den Sitz immer gegen die Fahrtrichtung montieren! Der rückwärtsgerichtete Transport gilt als sicherster Weg, weil die Aufprallenergie über eine größere Fläche verteilt wird und

> **Unser Tipp** Für einige Babyschalen ist eine zusätzliche Basis erhältlich, die fest im Auto installiert wird. So lässt sich die Schale leicht und schnell festklicken.

die noch nicht ganz ausgebildete Nackenmuskulatur des Babys so besser geschützt ist.

Experten raten, die Babyschale so lange zu nutzen, wie es möglich ist. Dabei gilt: Solange der Kopf nicht über die Schale ragt und das Maximalgewicht nicht überschritten ist, kann die Babyschale verwendet werden.

Babyschalen der Gruppe 0 sind für Babys bis zehn Kilogramm entwickelt, Babyschalen der Gruppe 0+ für Babys bis 13 Kilogramm. Beim Kauf unbedingt darauf achten, dass die Schale das Prüfzeichen ECE 44/03 oder ECE 44/04 ausweist – nur dann ist das Produkt in Deutschland zugelassen.

Für die meisten Babyschalen gibt es übrigens Frottee-Schutzüberzüge – die haben eine bessere Saugkraft, wenn das Kind schwitzt, und lassen sich bei kleinen Missgeschicken schneller abziehen und reinigen als der Hauptbezug.

Eine Auswahl gängiger Anbieter von Babyschalen

- **Britax Römer:** www.britax-roemer.de
- **Concord:** www.concord.de
- **Cybex:** www.cybex-online.de
- **Kiddy:** www.kiddy.de

- **Maxi Cosi:** www.maxi-cosi.de
- **Peg-Pérego:** www.pegperego.com
- **Recaro:** www.recaro.com

Autositze

Ist das Baby der Schale entwachsen, steigt man entweder auf den Autositz der Gruppe I (9 bis 18 Kilogramm) oder der Gruppe I/II/III (9 bis 36 Kilogramm) um.

Unser Tipp Bei allen Transportvarianten gilt: Vor dem Kauf sollte man sich per aktuellem Testbericht, zum Beispiel von Stiftung Warentest, Ökotest oder dem ADAC, genau über die neusten Modelle und deren Sicherheit informieren.

INTERNET

ADAC **www.adac.de**

Stiftung Warentest **www.test.de**

Ökotest **www.oekotest.de**

Reisedokumente

Seit Juni 2012 gilt die Regelung »Eine Person – ein Pass«. Damit sind Kindereinträge im Reisepass der Eltern nicht mehr gültig, und selbst Babys brauchen bei Reisen ins Ausland ein eigenes Reisedokument. Wir zeigen, welche Varianten es dabei gibt, wo man die Reisedokumente beantragt und welche Unterlagen dafür benötigt werden. Für welche Art von Reisedokument man sich entscheidet, hängt maßgeblich davon ab, in welches Land man mit dem Baby reisen möchte. Da jedes Land selbst entscheidet, welches Dokument es als Einreisevoraussetzung bestimmt, sollte man sich rechtzeitig vor Reisebeginn entsprechend informieren, zum Beispiel beim Auswärtigen Amt (www.auswaertiges-amt.de).

Kinderreisepass

- **Vorteil:** Der Kinderreisepass wird bei der Meldestelle sofort ausgestellt und ist die kostengünstigste Variante. Anders als beim elektronischen Reisepass und dem Personalausweis, siehe S. 224f., können später problemlos ein aktuelles Foto eingesetzt und die Daten (Größe, Augenfarbe etc.) angepasst werden. Der Kinderreisepass genügt für Reisen in Länder des Schengen-Raums, also in die europäischen Staaten ohne Grenzkontrollen.
- **Nachteil:** Einige Länder, zum Beispiel die USA oder südosteuropäische Staaten akzeptieren den Kinderreisepass nicht, sondern verlangen einen ePass. Informationen zu den Einreisebe-

stimmungen des jeweiligen Reiselandes finden sich auf der Webseite des Auswärtigen Amtes.

- **Kosten:** 13 Euro. Die Verlängerung oder Aktualisierung kostet 6 Euro.
- **Wie lange gültig:** Sechs Jahre, eine Verlängerung ist möglich, längstens jedoch bis zum zwölften Lebensjahr. Danach benötigen Kinder, je nach Reiseziel, einen Personalausweis oder einen elektronischen Reisepass.

Elektronischer Reisepass (ePass)

- **Vorteil:** Anders als der Kinderreisepass wird der ePass zum Beispiel auch in den USA anerkannt.
- **Nachteil:** Der ePass ist die teuerste Variante. Die Ausstellung dauert nach der Beantragung mehrere Wochen, und zur Abholung muss man ein zweites Mal zur Behörde. Wer nicht so lange warten kann, kann gegen einen Aufpreis von 32 Euro eine Express-Bestellung aufgeben.
- **Kosten:** 37,50 Euro
- **Wie lange gültig:** Der ePass für Kinder ist sechs Jahre gültig und wird danach nicht verlängert.

Personalausweis

Ein Personalausweis wird normalerweise erst für Personen ab 16 Jahren ausgestellt. Auf Wunsch der Eltern können jedoch auch Babys und Kleinkinder bereits einen Personalausweis erhalten. Er reicht für Reisen in die Länder des Schengen-Raums, kostet 22,80 Euro, ist sechs Jahre gültig und kann nicht verlängert werden.

Wo beantragt man die Reisedokumente?

Alle genannten Reisedokumente beantragt man bei der zuständigen Passbehörde. Informationen dazu geben die Stadt/Gemeinde, das Kreisverwaltungsreferat oder zum Beispiel www.behoerdenfinder.de.

Welche Unterlagen sind für die Beantragung erforderlich?

- **Biometriefähiges Passbild:** Die Vorgaben hierfür sind standardisiert (frontale Aufnahme, neutraler Ausdruck, kein Schnuller, keine Kopfbedeckung, Eltern oder Schmusetiere dürfen auch nicht sichtbar sein und so weiter). Am besten lässt man das Passfoto also von einem professionellen Fotografen anfertigen. Wenn man es selbst versucht, sollte man das Kind auf dem Rücken auf eine weiße Unterlage legen und sein Gesicht von oben fotografieren, alles unter Beachtung der Vorgaben der Bundesdruckerei (zum Beispiel über www.bmi.bund.de, Suchwort »Foto-Mustertafel«). In seltenen Fällen gelingt es auch, das Kind seitlich in den Fotoautomaten zu halten.

- **Geburtsurkunde** (bei Neubeantragung) oder eventuell bereits vorhandene **alte Ausweisdokumente** (wenn man zum Beispiel statt des normalen Kinderreisepasses auf den elektronischen Reisepass umstellen will)
- **Beide Eltern mit eigenem Ausweis**
- Falls ein Elternteil alleine kommt: Eine **schriftliche Einverständniserklärung des Partners** (Vorlage meist bei der Passbehörde downloadbar) sowie dessen Ausweis (zum Unterschriftsvergleich)
- Falls nur die beantragende Person erziehungsberechtigt ist: **Sorgerechtsnachweis** mitnehmen
- Und natürlich das **Baby** persönlich
- Da die Passbehörden in Zweifelsfällen weitere Unterlagen verlangen können, ist es am sichersten, sich vorher telefonisch zu erkundigen, welche Dokumente gefordert werden.

Unser Tipp Bei vielen Ämtern, bei denen im Wartebereich eine Nummer gezogen werden muss, bekommt man mit Baby eine Extranummer und wird mit dieser vorrangig aufgerufen!

Unser Tipp Wir kennen einen Fall, bei dem Mutter und Baby bei einem innerdeutschen Flug von der Airline nicht mitgenommen wurden, da das Baby kein Reisedokument dabeihatte. Sicherheitshalber also auch bei nationalen Flügen den Babypass/-ausweis immer mitnehmen bzw., falls man noch keinen hat, sich rechtzeitig vorher bei der Airline entsprechend erkundigen.

Reisen mit dem Baby

In der Elternzeit gemeinsam zwei Monate nach Kalifornien reisen oder über Singapur und Bali nach Australien fliegen, die Großeltern an der Nordsee besuchen oder eine Woche am Mittelmeer urlauben: Reisen mit Baby ist machbar. Natürlich muss man sich nach Babys Tagesablauf richten und in vielen Dingen flexibler sein als vorher. Aber das ist in den eigenen vier Wänden ja genauso. Und was bleibt, ist, viel Zeit gemeinsam als Familie zu haben, Abstand vom Alltag nehmen und unvergessliche Erinnerungen, wenn das Baby das erste Mal das Meer sieht, italienische Mammas bezaubert oder mitten auf Stockholms Marktplatz gewickelt werden muss …

Tipps für die Planung und das Reisen

- **Reisedokument:** Auch das Baby braucht eines, ausführliche Infos dazu im Kapitel »Reisedokumente«.
- **Impfpass** des Kindes mitnehmen, er gilt weltweit.
- Ist ein **Visum** für die Einreise in das Urlaubsland erforderlich?
- **Auslandskrankenversicherung:** Haben alle, auch das Baby, eine?
- **Reiserücktritts- und Reiseabbruchversicherung:** Gerade bei teuren Reisen rechtzeitig den Abschluss erwägen, um finanzielle Verluste in Grenzen zu halten, wenn das Baby zum Beispiel krank wird und man deshalb die Reise gar nicht erst antreten kann oder abbrechen muss.
- **Kontaktdaten** wichtiger Ansprechpersonen zu Hause mitnehmen, zum Beispiel die des Kinderarztes, der Krankenversicherung, des ADACs etc.
- Eventuell **Kontaktdaten von Kinderärzten** oder -Krankenhäusern am Urlaubsort in Erfahrung bringen. Der ADAC zum Beispiel hat für seine Mitglieder einen Reisemedizinischen Infodienst, der entsprechende Auskünfte erteilt (Telefon: 089/ 767677) oder er organisiert bei Bedarf und nach Kontaktaufnahme mit dem Kinderarzt den Versand von wichtigen Medikamenten an den Urlaubsort.
- Braucht man vor Ort einen **Kinderwagen, Buggy, eine Autobabyschale** (zum Beispiel fürs Taxi vom Flughafen) oder eine Tragehilfe?

- Bei Reisen in ferne Länder rechtzeitig mit dem Arzt oder einem Tropeninstitut klären, ob dafür **Impfungen** erforderlich sind und diese auch für Babys in Frage kommen.
- Länder mit **hohem Krankheitsrisiko** meiden.
- Evtl. ein **Wörterbuch** für die Verständigung vor Ort, zum Beispiel für einen eventuellen Arztbesuch

Tipps für das Reisegepäck

Welche Basics für das Gepäck bei Reisen mit Babys allgemein hilfreich sind, zeigen wir in der folgenden Auflistung. Und spezielle Tipps für die Reise per Auto, Flugzeug oder Zug gibt es im Anschluss daran.

- **Windeln, Wickelutensilien, Spucktücher, Essen und Getränke für das Baby,** zumindest für die Anreise (Stau, Streiks auf Autobahnen und Flughäfen oder Zug- und Flugverspätungen können die Reisezeit unerwartet verlängern.) und die ersten Tage. Vor Ort findet man je nach Reiseland dann meist das übliche Angebot an Babynahrung und Utensilien. In Frankreich aber zum Beispiel keine Einmalwickelunterlagen oder Brei-Pulver, in Italien dafür Gläschen mit Pferdefleisch …
- Sofern man Platz und Tragekapazitäten hat, kann man ein **Reisebett** mitnehmen, falls am Urlaubsort keines vorhanden ist. Das Angebot unterscheidet sich stark in Größe, Gewicht, Montage und Preis (große Auswahl zum Beispiel bei Amazon). Es gibt zusammenklappbare Reisebettchen oder – deutlich leich-

> **Unser Tipp** Unser Reisebett-Favorit ist das »Reisebett Light« von BabyBjörn. Es ist leider teurer als die meisten anderen Modelle, dafür aber mit nur 5 Kilo inklusive Transporttasche sehr leicht (die restlichen Modelle wiegen in der Regel ab 10 Kilo aufwärts) und superschnell und einfach auf- und abzubauen.

ter – Reisezelte (zum Beispiel von Samsonite oder das Nomad Kids Travel Bed Set mit selbstaufblasender Thermomatte; gibt's bei Outdoor-Ausstattern oder Amazon).

- Statt Kinderstuhl: Praktisch sind **Sitze**, die man einfach an stabile Tischplatten klemmen oder auf Stühle aufziehen kann (zum Beispiel Klemmsitz von Haberkorn, Sitzverkleinerer von Mobiseat oder Sack'n Seat). Auch im Restaurant ist so ein Klemmsitz sehr praktisch.
- **Reiseapotheke** (sicherheitshalber auch mit Mitteln gegen Reiseübelkeit aufstocken und in Griffnähe haben)
- Geht es in sonnige Gebiete, sollte unbedingt an den **Sonnenschutz** gedacht werden. Neben Cremes mit hohem Lichtschutzfaktor aus Drogeriemarkt oder Apotheke bietet auch spezielle UV-Badekleidung Schutz für Babys und Kleinkinder (zum Beispiel www.beach-heroes.de).
- **Moskitonetz** oder/und **Mückenschutzmittel**. Achtung: Für Babys unter einem Jahr gibt es leider quasi keine Mittel (wegen der teilweise enthaltenen ätherischen Öle, die bei Babys

Atemnot auslösen können, oder anderer gesundheitsbedenklicher Substanzen), am besten in der Apotheke nachfragen.

- **Lieblingsspielzeug** und **Schnuller**
- evtl. ein **Babyphon**
- Klingt ein wenig albern, hilft aber: Rechtzeitig eine **Pack- und To-do-Liste** anlegen, um einen besseren Überblick darüber zu haben, was in den Koffer soll. Speichert man sie als Datei ab, ist sie auch für den nächsten Urlaub wieder nützlich.

> Unser Tipp Praktisch für den Strandurlaub: Ein aufblasbares Planschbecken mit an den Strand nehmen und mit Meerwasser füllen. Das Kind hat Spaß im Wasser, und die Eltern müssen nicht die ganze Zeit am Ufer sein.

Baby im Auto

- Es gibt Fläschchen-/Gläschenwärmer oder auch Kühltaschen mit einem Adapter für die Autosteckdose/Zigarettenanzünder.
- Ersatzkleidung, falls das Kind Essen/Getränke verschüttet oder mal spuckt, dazu Haushaltsrolle, Feuchttücher und Mülltüten, um Babys Hände abzuwischen et cetera.
- Sonnenschutz für das Baby: die klassischen Sonnenblenden mit Saugnapf (großes Angebot zum Beispiel auf Amazon), kleine Rollos (mit Saugknopf oder in einigen Automodellen

schon vorinstalliert), getönte Scheiben oder zur Not Landkarten oder Tücher in die Scheibe klemmen. Sonnenblenden oder Ähnliches sollten am besten die Größe der Fensterscheibe haben, damit möglichst wenig Sonnenstrahlen an der Seite reinblenden. Babyschalen für das Auto haben meist bereits ein Sonnensegel integriert, das am Bügel eingehakt werden kann.

- Für die meisten Kindersitze gibt es Frottee-Schutzüberzüge – die haben eine bessere Saugkraft, wenn das Kind schwitzt, und lassen sich bei kleinen Missgeschicken schneller abziehen und reinigen als der Hauptbezug.

- Ein Nachteil, wenn man die Babyschale auf dem Rücksitz installiert, ist, dass der Fahrer das Baby nicht sehen kann und umgekehrt, da das Baby entgegen der Fahrtrichtung sitzt. Ist man allein mit dem Baby unterwegs, sind dafür spezielle Spiegel praktisch, die am Rücksitz befestigt werden und so einen Blickkontakt auch ohne gefährliches Nach-hinten-Drehen ermöglichen (zum Beispiel über www.babyschalenspiegel.de oder Amazon).

- Für bereits windelfreie Kleinkinder gibt es spezielle Reisetöpfchen (Potette Plus). Deren kleine WC-Brille wird entweder auf ein großes WC aufgesetzt oder mit einer speziellen Plastiktüte überzogen, die dann samt Inhalt einfach weggeworfen wird. Praktisch für unterwegs, wenn Toiletten fern oder nicht allzu hygienisch sind.

- Reisegepäck sicher verstauen, sodass auf keinen Fall Gegenstände auf das Baby fallen können.

Baby im Flugzeug

In den ersten beiden Lebensjahren sitzen Babys und Kleinkinder im Flugzeug auf dem Schoß der Eltern. In deren Sicherheitsgurt fädelt man einen extra Babygurt, den sogenannten Loop Belt, ein, mit dem das Kind angeschnallt wird. Diese Methode ist nicht unumstritten, denn wird der Erwachsene mit voller Wucht nach vorne geschleudert, quetscht er sein Kind dabei ein, und der Babygurt drückt sich tief in den Bauch des Kindes.

Eine Alternative dazu ist die Buchung eines separaten Platzes für das Kind, auf der man einen Kindersitz befestigt. Problem: Für den Extraplatz fallen Extrakosten an, zudem stellen nur wenige Fluggesellschaften Kindersitze zur Verfügung, und das eigene Modell darf nicht ohne Weiteres mit an Bord gebracht werden. Der Bundesverband der Deutschen Fluggesellschaften hat auf www.bdf.aero eine Liste veröffentlicht, die zeigt, welche Airlines welche Sitze zulassen (Themen ➛ Stellungnahmen ➛ 2009 ➛ Zugelassene Kindersitze bei BDF-Fluggesellschaften).

Für Langstreckenflüge stellen die Fluggesellschaften spezielle Babybettchen (auch cots oder bassinets genannt) zur Verfügung. Das sind kleine Körbchen, die an der Wand vor dem Sitzplatz der Eltern eingehängt werden und in denen das Baby schlafen kann (bis zu einer Körpergröße von circa 80 Zentimeter). Da nur eine begrenzte Anzahl dieser Babykörbchen zur Verfügung steht, müssen diese rechtzeitig reserviert werden.

Für Zwillingseltern empfiehlt es sich, vorab bei der Airline anzufragen, ob die Eltern mit den Babys nebeneinander sitzen können. Leider ist dies nämlich nicht bei jeder Fluggesellschaft möglich.

Fast alle Airlines führen Babynahrung mit, oft kann eine spezielle Sorte bereits im Vorfeld bestellt werden. Dennoch ist es empfehlenswert, Babys ganz spezielle Kost selbst mitzunehmen. Das Aufwärmen übernehmen die Stewardessen an Bord. Trinkflaschen für Kinder und Babynahrung kommen im Gegensatz zu den sonst üblichen Regeln für Flüssigkeiten auch durch den Security-Check.

Die Frage, ob man mit dem Kinderwagen direkt bis zum Flugzeug gehen darf, lässt sich nicht einheitlich beantworten, da dies je nach Airline und Flughafen unterschiedlich gehandhabt wird. In der Regel kann beispielsweise der Buggy bis zur Flugzeugtür geschoben werden, wo er dann von einem Mitarbeiter entgegengenommen und im Gepäckraum verstaut wird. Es kommt aber auch vor, dass der Wagen bereits mit dem üblichen Gepäck aufgegeben werden muss und man zum Beispiel einen Flughafen-Leihbuggy bis zum Gate bekommt. Auch die Rückgabe nach der Landung ist nicht immer einheitlich – sehr oft bekommt man den Wagen nach der Landung nicht wieder direkt an die Flugzeugtür geliefert, sondern muss ihn beim Sperrgepäck abholen.

Die Baby-Autoschale muss mit dem Gepäck zusammen aufgegeben werden.

Den Druckausgleich bei Start und Landung meistern Babys meist am besten, wenn sie etwas zum Saugen haben. Also stillen, Getränkefläschchen bereithalten oder Schnuller geben.

Baby im Zug

Auch hier gilt: ausreichend Essen, Getränke und Wickelzubehör für das Baby mitnehmen. Man weiß nie, was passiert – wir selbst kennen eine Mutter, die im ICE wegen eines Triebwerksschadens vier Stunden in einem Tunnel feststeckte. Bei Notbeleuchtung und defekter Bordküche. Mit Zwillingsbabys.

Für Babys, die schon krabbeln: eine Decke für den Boden mitnehmen. Ist hygienischer als der Zugboden.

Die Deutsche Bahn bietet in ICE-Zügen Kleinkindabteile an, die Sitzplätze mit Tischchen und (begrenzt) Abstellplatz für Kinderwagen haben.

Ein weiterer Service der Deutschen Bahn: Mütter mit Kind können sich beim Ein- und Umsteigen helfen lassen. Kann bei der Buchung des Tickets gleich mitgebucht werden.

Auf jeden Fall empfehlenswert: rechtzeitig Sitzplätze reservieren.

BÜCHER, ZEITSCHRIFTEN

Reisen mit Kindern. Das Magazin *Geo Saison Extra* bringt jährlich eine spezielle Ausgabe mit Urlaubstipps für die ganze Familie heraus.

Abenteuer Elternzeit – Ein Ratgeber über das Reisen mit Baby und Kleinkind. Inka Schmeling, Beltz, 2011. Die Autorin beschreibt ihre Reise mit Mann und Baby entlang der Seidenstraße. Und gibt nebenbei viele wirklich praktische Reisetipps, lässt andere Eltern von ihren Erfahrungen in fremden Ländern berichten und hat renommierte Ärzte, Entwicklungspsychologen, Familientherapeuten, Flugmediziner, Urlaubsforscher und so weiter um ihre Meinung gebeten zu Themen wie »Was bekommen Babys von einer Reise mit?«, »Wie wird der Flug für Babys entspannt und sicher?« oder »Führt die Elternzeit für Männer zum Karriereknick?«.

The Rough Guide To Travel With Babies & Young Children. Fawzia Rasheed de Francisco, Rough Guides, 2008. Englischsprachiger Reiseratgeber, der mit Informationen, Checklisten, Tipps und Erfahrungsberichten anderer Eltern ausführlich alle denkbaren Reisedetails beleuchtet, von der Planung über das Reisen mit Bahn, Flug und Auto bis zu Reisekrankheiten oder »Wie mache ich das Hotelzimmer kindersicher«.

Travel with Children. Ben Handicott, Lonely Planet, 2009. Englischsprachiger *Lonely Planet*-Reiseführer, der viele Reiseziele vorstellt und nützliche Reiseratschläge gibt.

Frommer's. Der Verlag der amerikanischen Reiseführer- Bestseller bringt in der speziellen Reihe »with your family« Bücher zu verschiedenen, auch europäischen Reisezielen heraus. Am besten bei Amazon »Frommers with your family« eingeben.

Siljas Reisen – Vom Glück, als Familie unterwegs zu sein. Stefan Rosenboom, Berg & Tal, 2008. Reiseberichte einer Familie, die mit ihrer kleinen Tochter von Anfang an viele große und kleine Reisen unternommen haben.

Weltreise mit Kindern – Logbuch eines Sabbatjahres. Susanne und Alexander Saade, Traveldiary.de Reiseliteratur Verlag,

2007. Erfahrungsbericht einer Weltreise mit Kindern durch Afrika, Indien, Myanmar, Thailand, Singapur und Bali.

INTERNET

www.auswaertiges-amt.de Webseite des Auswärtigen Amtes, die allgemein zum Thema Einreisebestimmungen, Reisegesundheit und -sicherheit oder zu Reisewarnungen informiert, ein Bürgertelefon für Fragen anbietet und vieles mehr.

www.fit-for-travel.de Informationen zu über 300 Reisezielen bezüglich Impfempfehlungen, Gesundheitsrisiken, der Malariasituation und medizinischen Einrichtungen

www.adac.de Der ADAC gibt auf seiner Webseite in der Rubrik »Reise & Freizeit« umfassende Informationen zu allen Bereichen des Reisens.

www.eltern.de Die *Eltern*-Webseite bringt laufend interessante und informative Artikel rund um das Reisen mit Kindern (➛ Information ➛ Familie und Urlaub ➛ Reise).

www.nido.de In der Rubrik »Unterwegs« gibt die Familienzeitschrift *Nido* laufend Tipps zu Urlaubszielen und -unterkünften, berichtet von reisenden Familien etc.

www.nepomuksreisen.de Die Autorin des Buchs *Abenteuer Elternzeit* setzt ihre Reise auf dieser Webseite fort und berichtet von neuen Zielen, nützlichen Dingen für unterwegs und sammelt Erfahrungsberichte von anderen reisenden Familien.

www.vamos-reisen.de Deutschlands führender Spezialist für Familienreisen

www.kidstravel.ch Ein Züricher Reisebüro, das sich auf Ferien und Reisen mit Kindern spezialisiert hat und auf seiner Webseite viele Angebote vorstellt.

www.i-escape.com Englischsprachige Webseite, die weltweit ausgesuchte Boutique-Hotels, Ferienhäuser/-wohnungen und Bed & Breakfasts auflistet, darunter in der Kategorie »with kids« über 700 als familienfreundlich bewertete Unterkünfte.

www.landsichten.de Großes Angebot an Unterkünften für Urlaub auf dem Bauernhof, darunter zahlreiche speziell für Eltern und Kinder

www.silviasbuggyservice.de Wer Buggy, Kinderwagen oder Reisebett nicht selbst mitschleppen will, der kann über diese Webseite für bestimmte Länder (Balearen, kanarische Inseln, Türkei, Ägypten) die Lieferung eines Miet-Buggys o. ä. direkt in die Ferienunterkunft bestellen. Vergleichbare Anbieter, die Buggys etc. verleihen, gibt es übrigens an vielen Urlaubsorten!

KOSTENLOSE BROSCHÜREN

Reisen mit Kindern Ein Ratgeber der Zeitschrift *Eltern*, der Reiseziele und kinderfreundliche Unterkünfte vorstellt und nützliche Tipps zur Urlaubsplanung gibt. Erscheint zweimal jährlich und liegt bei Kinderärzten, in Kindergärten und Schulen aus oder kann auf www.eltern.de heruntergeladen werden. Tipp: Der Download ist auf der *Eltern*-Webseite nicht leicht zu finden, am besten bei Google »Eltern Ratgeber Reisen mit Kindern« eingeben.

Urlaub mit der Familie Diese Broschüre des Familienministeriums listet die über 100 gemeinnützigen Familienferienstätten in Deutschland auf, die vor allem finanziell benachteiligten oder kinderreichen Familien, Alleinerziehenden oder Familien mit behinderten Kindern Urlaub für die ganze Familie zu erschwinglichen Preisen anbieten. Bezug über www.bmfsfj.de (➛ Service ➛ Publikationen ➛ Suchwort »Urlaub mit der Familie«), dort auch als Download, oder Bezug über den Publikationsversand der Bundesregierung, Telefon: 01805/778090, E-Mail: publikationen@bundesregierung.de.

Kleiner Ratgeber für Ihre Urlaubsplanung Faltblatt des Auswärtigen Amtes, das sein Serviceangebot vorstellt und Hinweise gibt, wie man sicher reisen kann. Bezug über www.auswaertiges-amt.de (➛ Infoservice ➛ Publikationen), dort auch als Download.

Den Alltag erleichtern

Anspruch auf eine Haushaltshilfe

Haushaltshilfe ist eine Sozialleistung in Deutschland. Dadurch soll Schwangeren und jungen Müttern unter die Arme gegriffen werden, die den Haushalt nicht mehr allein führen können. Die Tätigkeiten werden nach Absprache ausgeführt, neben Kochen, Waschen und Einkaufen ist auch eine Kinderbetreuung denkbar.

Wer hat Anspruch auf eine Haushaltshilfe?

Der Frauenarzt kann eine Haushaltshilfe verschreiben, wenn bereits während der Schwangerschaft Beschwerden auftreten und die Schwangere sich schonen muss oder gar bettlägerig ist. Meist können nur gesetzlich Versicherte eine Haushaltshilfe verordnet bekommen. Private Krankenkassen lehnen die Kostenübernahme einer Haushaltshilfe in der Regel ab.

Wie lange hat man Anspruch auf eine Haushaltshilfe?

Dies hängt von der individuellen Situation ab und liegt im Ermessen des Arztes, der diese per Rezept verschreibt.

Wie findet man eine Haushaltshilfe?

Man sollte sich zunächst an seine Krankenkasse wenden, denn viele haben Verträge mit Wohlfahrtsorganisationen und Pflegediensten. Im Normalfall regelt die Krankenkasse dann alles Weitere und stellt eine Haushaltshilfe. Je nach Krankenkasse besteht auch die Möglichkeit, eine Person eigener Wahl vorzuschlagen.

> Unser Tipp Alternativ kann man sich an die Initiative »Wellcome« wenden. Ehrenamtliche Helfer unterstützen die Mutter beziehungsweise die Familie einige Wochen bis mehrere Monate. Das Angebot gilt für alle, die Hilfe benötigen, weil sie sich überfordert fühlen, oder auf kein Netzwerk, wie Familie oder Freunde, zurückgreifen können. www.wellcome-online.de.
>
> Weitere Informationen zu Unterstützung vor und während der Schwangerschaft findet man im Kapitel »Noch mehr Informationen«, ab S. 281.

Baby wird betreut

Die Betreuung von Babys und Kleinkindern ist gerade in Deutschland ein stark diskutiertes und für viele ein sehr emotionales Thema. Viele Mütter wollen oder müssen ab einem bestimmten Zeitpunkt wieder anfangen zu arbeiten. Spätestens dann stellt sich die Frage der Betreuung. Jeder möchte seinem Kind die bestmögliche Form der Betreuung zukommen lassen. Bei der Entscheidung spielt eine Rolle, ob die Betreuung zu Hause oder außer Haus stattfinden soll, auf welchem pädagogischen Konzept die Betreuung basieren soll, oder ob das Kind zum Beispiel zweisprachig betreut werden soll.

Fakt ist aber: Gerade in Großstädten sind Betreuungsplätze Mangelware. Dieser Zustand wird sich auch in absehbarer Zukunft nicht ändern, auch wenn jedes Kind ab dem 01. 08. 2013 einen rechtlichen Anspruch auf einen Platz haben wird. Deshalb empfiehlt es sich, mit der Überlegung frühzeitig – meist schon in der Schwangerschaft – zu beginnen. Dieses Kapitel gibt einen kurzen Überblick über die verschiedenen Betreuungsmodelle. Auf eine Empfehlung wird bewusst verzichtet, denn letztendlich ist es eine individuelle Entscheidung, wie, wo und wie lange man sein Kind betreuen lässt.

Betreuung außer Haus

Kinderkrippe / Kindertagesstätte (Kita)

Eine Krippe bezeichnet immer eine Einrichtung, in der Kinder von der Geburt bis zum vollendeten dritten Lebensjahr betreut werden. Wofür der Begriff Kindertageseinrichtung (Kita) steht, ist regional unterschiedlich. Es kann eine Bezeichnung für Krippen sein, kann aber auch Einrichtungen bezeichnen, in denen Kinder bis sechs Jahren (Kindergarten), Grundschulkinder vor Schulbeginn und nach Schulende (Hort) oder Krippen-, Kindergarten-, und Hortkinder betreut werden.

Krippen gibt es unter diversen Trägerschaften (staatliche,

kirchliche, private und andere). Jede Einrichtung arbeitet nach einem definierten pädagogischen Konzept.

Eine spezielle Form privater Krippen sind die »Elterninitiativen«. Die Betreuungsstätten werden von Eltern organisiert und geführt, und die Eltern werden meist in verschiedene Aspekte des Tagesablaufs integriert (zum Beispiel beim Kochen oder Putzen). Auch wenn man als Eltern meist nur alle paar Wochen Dienst hat, sind nicht alle bereit oder haben die Zeit, sich derart zu engagieren. Will man eine eigene private Elterninitiative gründen, erhält man bei der Bundesarbeitsgemeinschaft Elterninitiativen (BAGE e.V., www.bage.de) hilfreiche Informationen.

Der Vorteil dieser Betreuungsform sind feste Betreuungs- und Ferienzeiten. Krankheitsbedingte Ausfälle der Erzieher werden meist abgefedert, anders als bei einer Tagesmutter.

Tagespflege / Tagesmutter

Eine Tagesmutter betreut bei sich zu Hause meist drei bis fünf Kinder. Tagesmütter benötigen eine offizielle Zulassung vom Jugendamt, müssen aber keine pädagogische Ausbildung vorweisen. Deshalb ist es gerade hier wichtig, auf Empfehlungen zurückzugreifen oder sich viel Zeit für die Suche zu lassen.

Ein Vorteil gegenüber der Krippe ist, dass die Gruppen kleiner ausfallen und die Tagesmutter meist mehr auf die einzelnen Kinder eingehen kann. Schwierig wird es allerdings, wenn sie krank wird: Dann stehen die Eltern ohne Betreuung da.

Eine Tagesmutter kann man über das Jugendamt finden, über Annoncen oder in speziellen Internetforen, zum Beispiel über www.betreut.de.

Betreute Spielgruppe

Betreute Spielgruppen sind eine Alternative, wenn man sein Kind zu Hause betreut, aber trotzdem den Kontakt zu anderen Kindern herstellen und ein bisschen freie Zeit für sich haben will. Sie finden meist einmal wöchentlich statt, begrenzt auf ein paar Stunden. Die Eltern nehmen an der Spielgruppe nicht teil, sondern geben ihr Kind ab.

Betreuung zu Hause

Kinderfrau

Eine Kinderfrau kommt zur Familie nach Hause, der Nachwuchs verlässt seine gewohnte Umgebung also nicht. Sie arbeitet meist auch nur für eine Familie, und da die Betreuung im Haus der Eltern stattfindet, benötigt sie keine Genehmigung durch das Jugendamt.

Kinderfrauen können per Annonce, Empfehlungen oder über spezielle Agenturen gefunden werden.

Au-pair

Ein Au-pair-Mädchen (oder seltener: Junge) kommt aus einem anderen Land, um eine neue Kultur und Sprache kennenzulernen. Es sollte wie ein Familienmitglied aufgenommen werden und lebt bei der Gastfamilie. (Ein eigenes Zimmer muss gestellt werden.)

Ein Au-pair wird hauptsächlich zur Kinderbetreuung eingesetzt und kann zusätzlich leichte Haushaltsarbeiten erledigen (sollte aber niemals mit einer Haushaltshilfe verwechselt werden!). Das Au-pair darf maximal sechs Stunden täglich und insgesamt nicht mehr als 30 Wochenstunden arbeiten.

Es gibt zahlreiche Agenturen, die Au-pairs vermitteln.

Babysitter

Ein Babysitter ist eine gute Lösung, wenn man abends weggehen möchte oder untertags für einige Stunden eine Betreuung sucht. Am besten erkundigt man sich im Bekanntenkreis oder in der Kita/dem Kindergarten nach Empfehlungen. Da sich die Kinder auch an einen Babysitter gewöhnen müssen, ist es ratsam, sich ein bis zwei Babysitter langfristig »aufzubauen«.

Leih-Oma / Leih-Opa

Leih-Omas und Leih-Opas kümmern sich stundenweise um ein Kind und werden von lokalen Organisationen vermittelt. Sie kommen meist regelmäßig zu festgelegten Zeiten und wollen nicht mit einem Babysitter verwechselt werden. Hier steht die Freude an der Kinderbetreuung im Vordergrund. Sie erhalten normalerweise eine kleine Aufwandsentschädigung.

BUCH

Gründungsleitfaden für Elterninitiativen. Herausgegeben von der Bundesarbeitsgemeinschaft Elterninitiative e.V., zu bestellen per E-Mail: info@bage.de oder telefonisch: 030/700942560.

INTERNET

www.wellcome-online.de Hilfsorganisation zur Entlastung von Familien und Alleinerziehenden mit Neugeborenen in der ersten Zeit nach der Geburt. Geholfen wird allen, die Hilfe benötigen. Deutschlandweit gibt es rund 200 Teams.

www.notmuetterdienst.org Diese Organisation bietet Eltern bundesweit kurzfristig Hilfe, wenn das wegen Krankheit der Eltern oder des Kindes nötig wird.

www.bage.de Bundesarbeitsgemeinschaft Elterninitiativen (BAGE e.V.)

www.kita.de Informationen rund um das Thema Kita, sowie Suchfunktion nach Kitas, Kindergarten und Hort über die Postleitzahl

www.betreut.de Kostenloses Suchportal nach Kinderbetreuung und Au-pair

www.bvktp.de Bundesverband für Kindertagespflege (Tagesmütter)

www.tagesmutter.com Ratgeberportal für Eltern und Tagesmütter

www.tagesmutter.net Infoportal rund um das Thema Tagesmütter

www.apsev.de Au-pair Society e.V., Bundesverband der Au-pair-Agenturen

www.iapa.org International Au Pair Association

www.au-pair-agenturen.de Verzeichnis für Vermittlungsstellen für Au-pairs in Deutschland

www.babysitter.de Suchportal für Babysitter. Zum Teil kostenpflichtig

www.aktivpaten.de Hier kann man nach lokalen Organisationen suchen, die Leih-Omas und Leih-Opas vermitteln.

Liefern lassen

Einkaufen im Internet ist für viele Eltern eine Hilfe: bequemes Bestellen von zu Hause aus und Lieferung vor die Haustür statt Gedränge mit Kinderwagen in überfüllten Geschäften samt anschließendem Heimschleppen schwerer Taschen. Dass dies nicht nur für Babys Kleidung und Zubehör, sondern auch für die Dinge des täglichen Bedarfs möglich ist, vergisst man manchmal. Vor allem in besonders anstrengenden Phasen oder für Eltern, die ohne Lift oder weit entfernt von Einkaufsmöglichkeiten wohnen, ist das Einkaufen im Internet eine echte Erleichterung.

Viele Getränkemärkte haben auch einen Lieferservice. Falls der eigene dies nicht anbietet: Im Internet nach einem Lieferservice in der Umgebung suchen.

INTERNET

www.mytime.de Deutschlandweiter Lebensmittel-Lieferservice der Firma Bünting. Im Angebot auch Frischware und Babynahrung/-pflege; ab einem gewissen Bestellwert reduzieren sich die Versandkosten bis hin zu versandfreier Lieferung.

www.lebensmittel.de Über 24 000 Lebensmittel im Angebot, dazu ein Baby-Shop, großes Liefergebiet, ab einem gewissen Bestellwert versandkostenfrei

www.bringmeister.de Ein Lieferservice von Kaisers Tengelmann mit großem Sortiment für Essen und Getränke und einer Baby-Rubrik für Babynahrung, Pflegeartikel, Schnuller und Fläschchen. Leider werden bislang nur bestimmte Bereiche von Berlin und München beliefert.

www.rewe-online.de Große Produktauswahl bei Rewe, beliefert werden Düsseldorf, Köln, Frankfurt & Taunus, Hamburg, Berlin.

www.edeka24.de Der Lieferservice von Edeka, im Angebot keine Frischware, dafür Versand in ganz Deutschland

www.amorebio.de Bundesweiter Versand von Lebensmitteln aus kontrolliert biologischem Anbau. Unter den 5000 Produkten findet sich auch eine große Auswahl an frischen und Tiefkühl-Produkten sowie eine eigene Baby-Kind-Rubrik.

www.biowelt.de Onlineshop der Bio-Supermarktkette Basic. Liefert leider keine Frischware, dafür alles für den Vorrat und das bundesweit.

www.tegut-genusswelt.com Gourmet-Onlineshop für mehr als 6000 Spezialitäten und Delikatessen, darunter auch über 300 Alnatura-Produkte (inklusive Babygläschen). Versand deutschlandweit, allerdings hohe Lieferkosten

www.rossmannversand.de Über 100 000 Drogerieartikel bietet der Onlineshop des Drogeriemarktes Rossmann, natürlich inklusive Milchpulver, Gläschen und Windeln.

www.bahnhof-apotheke.de Liefert alle Produkte der bekannten Hebamme Ingeborg Stadelmann, Autorin des Klassikers *Die Hebammensprechstunde* (vgl. Literauturhinweis auf S. 282).

www.shop-apotheke.com/www.easyapotheke.de und zahlreiche weitere Internetapotheken bieten viele Apotheken-Produkte zu deutlich günstigerem Preis an und lösen meist auch Rezepte ein.

www.versandapo.de Wechselwirkungscheck, übersichtliches Produktangebot, sehr günstig, lösen Rezepte ein.

www.kommtessen.de Liefert montags alle Zutaten für drei bis fünf abwechslungsreiche Mahlzeiten direkt nach Hause, Rezepte inklusive. Viele Bioerzeugnisse und bevorzugt regionale Produkte. Bislang werden 30 Städte beliefert, die Gebiete werden ständig erweitert.

www.douglas.de Onlineshop der großen Kosmetikkette.

Zwillinge

Da die Anzahl der Hormonbehandlungen steigt und auch das Alter vieler Mütter zunimmt, kommen immer mehr Zwillinge auf die Welt. Wichtig: Da Zwillinge häufig früher geboren werden (durchschnittlich in der 37. Woche), sollten die Eltern mit ihren Vorbereitungen auch etwas zeitiger starten. Nachfolgend die wichtigsten Informationen speziell für Zwillingseltern.

Schlafen und das erste Bett

Zwillinge können am Anfang gut gemeinsam in einem Kinderbett schlafen. Allerdings sollte man aufmerksam beobachten, ob bzw. wann sich die Kinder gegenseitig stören – dann ist es Zeit für ein zweites Bett. Alternativ kann man zunächst auf ein sogenanntes Beistellbett ausweichen. Dieses wird direkt am Bett der Mutter befestigt und ist zur Seite hin offen, sodass man die Babys zum Stillen rüberholen kann, ohne aufstehen zu müssen. Es gibt inzwischen auch spezielle Modelle für Zwillinge (zum Beispiel babybay Maxi über www.babybay.de). Da die Beistellbetten nur für einen gewissen Zeitraum ausreichen, ist dies keine zwingende Anschaffung. Ganz im Gegenteil – es funktioniert auch gut ohne!

Unser Tipp Da sich Zwillinge gerne anschauen, anfassen und miteinander kommunizieren, empfiehlt es sich, ein »offenes« Bett (also mit Gitterstäben) zu kaufen und die Betten nebeneinanderzustellen.

Stubenwagen

So schön klassische Stubenwagen auch sein mögen – da sich Babys schnell entwickeln und erste Bewegungen ausführen, ist die Nutzungsdauer der Stubenwagen doch sehr begrenzt. Hinzu kommt, dass gerade die Zwillingsmodelle in der Anschaffung teuer sind (Stubenwagen für Zwillinge bei www.mehrlinge.de). Tagsüber tut es auch ein gemütliches Nest auf dem Bett der Eltern oder eine gepolsterte Unterlage auf dem Boden – zum Beispiel eine Yogamatte oder Krabbeldecke.

Babywippen

Für Zwillingseltern ein Muss! Ob beim Füttern, Aufräumen oder Notfall-Wickeln – die Wippen sind die ideale Gelegenheit, die Kinder kurzzeitig sicher zu parken. Es gibt hier eine Vielzahl von Modellen. Ratsam sind besonders die Wippen, bei denen sich der Überzug zur Reinigung abziehen lässt und man die Sitzposition verändern kann.

Zwillingswagen – Geschwisterwagen

Vor einigen Jahren war das Angebot an Kinderwagen für Zwillinge noch sehr dürftig, heute führt jeder namhafte Hersteller auch mindestens einen Zweisitzer im Sortiment. Je nach Anbieter schwanken die Preise allerdings stark. Um Geld zu sparen, lohnt es sich, in die Zukunft zu blicken: Die meisten sind Kombiwagen, die Aufsätze sowohl für den liegenden (Babyschale) als auch den sitzenden Transport der Babys (Sportsitze) bieten. Somit kann der Wagen verwendet werden, bis die Kinder laufen können und länger. Folgende Fragen können bei der Entscheidung helfen:

- Welche Maße hat der Wagen? Welches Gewicht?
- Passt der Wagen in das Auto?
- Lässt er sich leicht zusammenklappen?
- Passt er durch die Haustür etc.?
- Ist es ein Kombiwagen – Babyschale und Sportsitze?
- Sollen die Babys hinter- oder nebeneinander sitzen? (Breite!)
- Sind die Sportsitze in ihrer Position variabel? Blick nach vorne oder Blick zur Mutter? Sollen sich die Kinder während der Fahrt ansehen können?
- Hat der Wagen schwenkbare Räder?
- Bevorzugt man bei der Babyschale eine Softtasche?

- Welches Zubehör muss/kann dazugekauft werden? (Zum Beispiel Sonnenschirm, Regenüberzug etc.)
- Ist der Wagen für Sport/zum Joggen geeignet?

Eine Auswahl gängiger Modelle von Zwillingswagen

- **Zoom** von ABC Design: www.abc-design.de
- **Bugaboo Donkey:** www.bugaboo.com
- **Easywalker duo** von Easywalker: www.easywalker.nl
- **Double City Cross** von Emmaljunga: www.emmaljunga.com
- **Zwilling ZXII** von Hartan: www.hartan.de
- **Mountain buggy duo / Mountain buggy duet** von Mountain buggy: www.mountainbuggy.com
- **Team Cosmo** von Teutonia: www.teutonia.de
- **Twinner Twist Duo** von TFK: www.buggy.de

Stillen

Stillen ist eine sehr schöne und intensive Erfahrung – zwei hungrige Babys zu stillen kann allerdings stressig sein und viel Kraft kosten. Daher ist es wichtig, sich möglichst viel Ruhe zu gönnen, das Stillen sollte niemals zu einer Belastung werden! Da die Milchmenge vom Körper nach Bedarf reguliert wird, ist es möglich, beide Kinder (auch gleichzeitig!) mit genügend Nahrung zu versorgen – allerdings braucht es Zeit und Übung. Spezielle Stillkissen für Zwillinge sind im Fachhandel erhältlich, ein normales Kissen oder Einzelstillkissen erfüllt aber auch seinen Zweck.

> Unser Tipp Gerade als Zwillingsmutter ist es ganz wichtig auch an sich selber zu denken! Für eine Entlastung beim Stillen kann in der Nacht eine Stillmahlzeit durch eine Flasche (auch Kunstmilch!) ersetzt werden.

Der erste Brei

Spätestens, wenn Kind Nummer eins den Brei verweigert und Kind Nummer zwei selbigen ausspuckt, wird klar: Das gleichzeitige Füttern von Zwillingen erfordert Geduld. Ganz wichtig – Ruhe bewahren. Ein Plastiklatz (zum Abwaschen!) schont Kleidung und Einrichtung; Kinder immer abwechselnd mit einem Löffel Brei zu versorgen gibt jedem genug Zeit, den Mund bis zum nächsten Nahrungsschub zu leeren. Idealerweise hilft am Anfang eine zweite Person beim Füttern. Füttert man sie alleine, sind die Zwillinge am besten in den Babywippen aufgehoben: Hier liegen die Kids einigermaßen stabil, und man kann sie wunderbar gleichzeitig füttern.

Tragen der Zwillinge

Es ist durchaus möglich, Zwillinge gemeinsam zu tragen, vor allem, wenn es sich nur um kurze Strecken handelt. Das Gewicht sollte dabei gut verteilt werden. Sinnvoll ist es, ein Baby mit Hilfe eines Tragesacks oder Tuchs auf dem Rücken, das andere vor dem Oberkörper zu transportieren. Spezielle Tragetücher für Zwillinge sind im Handel erhältlich. Besser, weil flexibler, sind zwei einzelne Tragehilfen: So können Mama und Papa die Babys beim nächsten Ausflug separat tragen.

- **Zwillingstragetuch:** zum Beispiel von Didymos über www.didymos.de.
- **Doppeltragesack:** Twin Tragesack von Weego, www.weego.com. Auch für Frühchen geeignet, da Babys ab einem Gewicht von 1600 Gramm getragen werden können. Allerdings darf der Sack nur bis zum Alter von circa fünf bis sechs Monaten eingesetzt werden.

Wissenswertes zu Recht und Geldern

Wissenswertes zum Mutterschutz

Die Frist des Mutterschutzes nach der Geburt verlängert sich bei Zwillingen von acht auf zwölf Wochen.

Wissenswertes zur Elternzeit

Eltern haben das Recht auf Elternzeit bis zur Vollendung des dritten Lebensjahres des Kindes. Diese Regelung gilt für jedes der Kinder. Allerdings dürfen pro Kind zwölf Monate der Elternzeit später genommen werden – bis die Kinder acht Jahre alt sind. Dies bedarf jedoch der Zustimmung des Arbeitgebers. Damit ergibt sich für Zwillingseltern die Möglichkeit, insgesamt fünf Jahre Elternzeit zu nehmen – vorausgesetzt der Arbeitgeber stimmt zu. Die Rechnung kann dann folgenderweise aussehen:

- Kind eins: erstes und zweites Lebensjahr Elternzeit
- Kind zwei: drittes Lebensjahr Elternzeit
- Kind eins: viertes Lebensjahr (oder später) Elternzeit
- Kind zwei: fünftes Lebensjahr (oder später) Elternzeit

Unser Tipp Es gibt zahlreiche regionale Zwillingsflohmärkte – am besten informiert man sich im Internet.

Wissenswertes zum Elterngeld

Zwillingseltern erhalten einen monatlichen Zuschlag von 300 Euro für das Zwillingskind.

Ende 2011 haben Zwillingseltern jedoch gerichtlich erreicht, dass ihnen für jedes Zwillingskind das volle Elterngeld zusteht, sofern beide Partner im jeweiligen Zeitraum nicht erwerbstätig sind. Der Fall ging anschließend in die nächsthöhere Instanz (Bundessozialgericht), eine Entscheidung lag zum Redaktionsschluss dieses Buches leider noch nicht vor. Es lohnt sich, dies zu verfolgen.

Wissenswertes zum Kindergeld

Man erhält derzeit pro Kind 184 Euro, bei Zwillingen also 368 Euro monatlich.

Zwillingsrabatte

In manchen Situationen lässt sich mit Zwillingen sogar Geld sparen. Beispielsweise geben einige Kinderbekleidungs- und Spielzeugläden gegen Vorlage der Geburtsurkunden bei jedem Kauf einen Rabatt. Auch wird bei der Anmeldung zu manchen Babykursen ein günstiger Geschwisterpreis gewährt. Viele Hersteller von Babynahrung oder Pflegeartikeln schicken gratis Produkte, wenn man eine Kopie der Geburtsurkunden mit einem netten Begleitschreiben schickt.

Unser Tipp Mit Zwillingen verbraucht man eine Unmenge an Windeln. Um Geld zu sparen, kann man nachts die Markenwindel verwenden (die halten besser dicht) und tagsüber auf die günstigere Drogeriemarke zurückgreifen.

BÜCHER, ZEITSCHRIFTEN

Zwillinge: Gut durch Schwangerschaft, Geburt und erstes Lebensjahr. Petra Lersch, Dorothee von Haugwitz, Trias, 2011.

Das große Zwillingsbuch: Ratgeber für Schwangerschaft, Geburt und eine glückliche Kindheit. Eva Wagendristel, Coks Feenstra, Verena Kiefer, Stefan Häring, Beltz, 2012.

Auf einmal zwei: Leben mit Zwillingen. Angela Grigelat, Goldmann, 2009.

Zwillinge stillen. Susanne Wittmair, Edition Kirchweihtal – Verlag von Gratkowski, 2011.

Twins. Zeitschrift für Mehrlingseltern. Jedes Heft kann einzeln oder im Abo bestellt werden. www.twins.de.

INTERNET

www.doppelt-so-schoen.de Forum für Mehrlingseltern

www.zwillingsforum.de Forum für Zwillingseltern

www.zwillinge.at Eine österreichische Plattform für Zwillings- und Mehrlingseltern

www.eltern.de Die Internetseite der Zeitschrift *Eltern* mit vielen speziellen Zwillings-Themen

www.mehrlinge.de Fachgeschäft und Onlineshop für Zwillings- und Mehrlingsprodukte

www.zwillingsburg.de Onlineshop für Zwillings- und Mehrlingsprodukte

www.twinstore24.de Onlineshop für Zwillings- und Mehrlingsprodukte

www.zwillingslook.de Onlineshop für Zwillings- und Drillings-Kleidung

Alleinerziehend

Die Zahl der Alleinerziehenden hat über die letzten Jahrzehnte kontinuierlich zugenommen. Mittlerweile ist fast jede fünfte Familie eine sogenannte Einelternfamilie. Rein rechtlich gesehen gilt man in Deutschland als alleinerziehend, wenn man Kinder unter 18 Jahre alleine im eigenen Haushalt großzieht, nicht hingegen wenn das Kind zu gleichen Teilen bei Mutter und Vater lebt. Fast 90 Prozent der Alleinerziehenden sind weiblich. Es gibt inzwischen eine Reihe an staatlichen Zuschüssen, Steuererleichterungen und generellen Hilfsangeboten für Alleinerziehende. Hier ein kleiner Überblick:

Staatliche Zuschüsse für Alleinerziehende

Elterngeld

Alleinerziehende können zu den zwölf Monaten Elterngeld, das allen Eltern zusteht, die zusätzlichen zwei Partnermonate nutzen und damit insgesamt 14 Monate Elterngeld beziehen.

Kindergeld

Kindergeld steht bei getrennt lebenden Eltern grundsätzlich beiden zu. Allerdings bekommt nur der Alleinerziehende den Betrag überwiesen. Dafür reduziert sich der Barunterhalt, den der unterhaltspflichtige Elternteil zahlt, um die Hälfte des Kindergeldes.

Kinderzuschlag

Alleinerziehende, die mit ihrem Einkommen zwar den eigenen Unterhalt sicherstellen können, nicht aber den ihres Kindes, haben Anspruch auf einen Kinderzuschlag von bis zu 140 Euro im Monat. Zuständig für Antrag und Bearbeitung sind die Familienkassen bei der Bundesagentur für Arbeit. Weitere Infos in der Broschüre »Sozialhilfe und Grundsicherung« des Bundesministeriums für Arbeit und Soziales, als Download unter www.bmas.de (➛ Publikationen) erhältlich. Zusätzliche Infos auch im Kapitel »Eltern-, Kinder- und alle anderen Gelder beantragen«, S. 66.

Arbeitslosengeld II: Leistungen für Alleinerziehende

Alleinerziehende mit Anspruch auf Arbeitslosengeld II erhalten für das Kind einen Zuschlag. Die Höhe des Zuschlags richtet sich nach der Anzahl der Kinder und deren Alter. Weitere Informationen bei der Arbeitsagentur oder auf www.familien-wegweiser.de unter dem Stichwort »Arbeitslosengeld II – Leistungen für Alleinerziehende«.

Sozialhilfe: Leistungen für Alleinerziehende

Auch Alleinerziehende, die Sozialhilfe erhalten, haben Anrecht auf einen Mehrbedarfszuschlag. Dieser ist abhängig von der Zahl der Kinder und deren Alter.

Schwangere mit Anspruch auf Sozialhilfe haben ab der 13. Woche der Schwangerschaft Anspruch auf einen Mehrbedarfszuschlag von 17 Prozent des Regelsatzes der Sozialhilfe. Zusätzlich kann man eine einmalige Unterstützung für die Erstausstattung der Schwangeren, des Babys und der Wohnung beantragen.

Weitere Informationen auf www.familien-wegweiser.de unter dem Stichwort »Arbeitslosengeld II – Leistungen für Alleinerziehende«.

Bundesstiftung »Mutter und Kind – Schutz des ungeborenen Lebens«

Die Stiftung hilft schwangeren Frauen in Notlagen mit Zuschüssen für Aufwendungen rund um Schwangerschaft und Geburt, wie zum Beispiel Schwangerschaftskleidung, Baby-Erstausstattung und Betreuung. Den Antrag stellt man nicht bei der Bundesstiftung direkt, sondern bei einer Schwangerenberatungsstelle vor Ort. Weitere Informationen und Postleitzahlsuche nach einer Schwangerenberatungsstelle unter www.bundesstiftung-mutter-und-kind.de.

Unterhaltvorschuss

Der Unterhaltsvorschuss ist eine Leistung vom Jugendamt. Bekommen Alleinerziehende vom anderen Elternteil keinen, zu wenig oder nur unregelmäßig Kindesunterhalt, haben sie Anspruch auf diese Leistung. Weitere Informationen dazu im Kapitel »Eltern-, Kinder- und alle anderen Gelder beantragen« (S. 66) und in der Broschüre »Der Unterhaltsvorschuss – Eine Hilfe für Alleinerziehende«, als Download unter www.bmfsfj.de erhältlich.

Steuerliche Entlastungen für Alleinerziehende

Kinderfreibetrag und Freibetrag für Betreuungs-, Erziehungs- oder Ausbildungsbedarf

Bei den Freibeträgen wird ein bestimmter Geldbetrag steuerfrei gestellt. Kinderfreibeträge stehen jedem Elternteil zur Hälfte zu, mehr Informationen dazu im Kapitel »Steuer-Themen«, S. 105. Sofern der andere Elternteil allerdings verstorben, nur beschränkt einkommenssteuerpflichtig ist (zum Beispiel Personen, die nicht in Deutschland leben) oder seiner Unterhaltsverpflichtung im Wesentlichen nicht nachkommt (zu weniger als 75 Prozent), kann der Kinderfreibetrag voll auf den Alleinerziehenden übertragen werden.

Der Freibetrag für Betreuungs-, Erziehungs- oder Ausbildungsbedarf wird grundsätzlich jeweils zur Hälfte auf die Eltern aufgeteilt. Alleinerziehende können aber auch den anderen Teil beanspruchen, sofern das Kind nicht beim anderen Elternteil gemeldet ist.

Entlastungsbetrag

Eine weitere Maßnahme der Familienförderung im Steuerrecht ist, dass Alleinerziehende jährlich Anspruch auf einen weiteren steuerlichen Freibetrag, den sogenannten Entlastungsbetrag von derzeit 1308 Euro (Stand 2013) haben. Voraussetzung ist, dass der Alleinerziehende für mindestens ein im Haus lebendes Kind Kindergeld bezieht und alleinstehend ist.

Weitere Hilfen für Alleinerziehende

Beratungshilfe/Verfahrenskostenhilfe

Auch Alleinerziehende haben in gewissen Situationen einen Anspruch auf die Beratung inklusive Übernahme von Verfahrenskosten in verschiedenen Rechtsbereichen. Informationen dazu in der Broschüre »Beratungshilfe und Prozesskostenhilfe«, als Download unter www.bmj.de erhältlich.

Palme

Palme ist ein präventives Elterntraining geleitet von Erzieherinnen. Das Angebot richtet sich an alleinerziehende Mütter mit Kindern im Alter von vier bis sechs Jahren und ist kostenlos. Hier geht es vor allem um die Stabilisierung der Mutter-Kind-Beziehung. Es gibt deutschlandweit Gruppenangebote. Weitere Informationen unter www.palme-elterntraining.de

BÜCHER

Alleinerziehend – das sind Ihre Rechte: Von Unterhalt bis staatliche Hilfen. Was Ihnen und Ihrem Kind zusteht. Stern Ratgeber. Joachim Mohr, Frank Lechner, Linde, 2010.

Alleinerziehend: Meine Rechte. Beate Wernitznig, Beck, 2011.

Alleinerziehend: Männlich. Gut. Der Ratgeber für Single-Väter. Armin Fischer, Humboldt, 2008.

INTERNET

www.familien-wegweiser.de Informationsseite des Bundesministeriums für Familie, Senioren, Frauen und Jugend (BMFSFJ). Unter dem Stichwort »Alleinerziehend« erhält man viele Informationen.

www.vamv.de Verband alleinerziehender Mütter und Väter Bundesverband e.V. (VAMV). Sehr umfangreiche Webseite mit vielen hilfreichen Informationen und Tipps. Der VAMV bietet auch Veranstaltungen und Seminare an, Informationen dazu über die Landesverbände.

www.alleinerziehend.net Portal und Forum für Alleinerziehende.

www.allein-erziehend.org Portal und Forum für Alleinerziehende.

www.umstaendehalber.com Verein für schwangere Frauen, die allein sind.

KOSTENLOSE BROSCHÜREN

Alleinerziehend – Tipps und Informationen Broschüre des Verbands alleinerziehender Mütter und Väter Bundesverband e.V., als Download unter www.vamv.de erhältlich.

Die Beistandschaft Broschüre des Justizministeriums. Informiert zu Beratungs- und Unterstützungsmöglichkeiten des Jugendamtes bei Vaterschaftsfeststellungen und Kindesunterhalt. Als Download erhältlich auf www.bmj.de (➛ Service ➛ Broschüren).

Die praktischsten Apps für den Elternalltag

Apps für Eltern

* Erste Schritte

Ein mobiler Ratgeber des Familienministeriums rund um das erste Lebensjahr des Babys. Viele Checklisten informieren zu Themen wie Ernährung und Gesundheit, Elterngeld und Elternzeit, Entwicklung und Alltag und die anstehenden U-Untersuchungen. Dazu sehr praktische Tipps für den Alltag von A bis Z, Telefonnummern von Giftnotruf bis Notmütterdienst, Erste-Hilfe-Maßnahmen Schritt für Schritt und ein Babytagebuch, in dem individuelle Entwicklungsschritte, Fotos etc. des eigenen Kindes festgehalten werden können. Kostenlos. Für Android und iPhone.

NUK Stillkalender

Good Bye Stillheimer – Die praktische Merkhilfe für stillende Mütter, die mit dieser Gratis-App schnell sehen können, wann das Baby zuletzt gestillt wurde oder wann man abgepumpt hat und ob es beim nächsten Mal rechts oder links weitergeht. Mit nur einer Hand bedienbar und hilfreich auch, um sich einen Gesamtüberblick über den Tages- oder Mo-

* *Quelle:* BMFSFJ/C. Junghanns

natsverlauf zu verschaffen. Dazu ein Info-Kapitel mit guten und ausführlichen Broschüren zu Schwangerschaft, Stillen, Babys Mund und Zähne und dem Übergang zur Beikost. Kostenlos. Fürs iPhone.

Apotheke vor Ort

Die wichtigste Funktion dieser kostenlosen App: Der Apothekennotdienst. Listet alle Not-Apotheken auf, die sich im Umkreis zum angegebenen Standort befinden, inklusive Direktanruf-Funktion, Wegbeschreibung und weiteren Details zur jeweiligen Apotheke. Daneben Arzneimittel-Informationen, falls man den Beipackzettel vergessen hat, eine Medikamente-Vorbestell Funktion (u. a. durch Abfotografieren des Rezepts) und ein großer A-bis-Z-Ratgeberteil. Kleiner Nachteil: Nicht alle Apotheken sind erfasst. Kostenlos. Für Android und iPhone.

Babyphone 3G

Spart für zu Hause und für den Urlaub das herkömmliche Babyphon. Man benötigt zwei Telefone oder iPads, auf beide muss man die App laden. Dann ein Gerät neben das Babybett legen. Nun werden alle Geräusche auf die »Elternstation« übertragen. Über die Kamera kann man das Kind sogar sehen. Kostenpflichtig. Für iPhone und iPad.

Oje, ich wachse

Die App zum gleichnamigen Bestseller, wenn auch deutlich kürzer gefasst. Umfassend werden die mentalen Entwicklungssprünge von Babys beschrieben. Zudem wird den Eltern gezeigt, wie sie dem Kind helfen können, diese besser zu bewältigen. Praktische App für unterwegs und für alle, die lieber einen schnellen Überblick wollen als ein zeitintensives Durchlesen des Buchs. Gut: Die App rechnet fortlaufend das Alter des Kindes in Wochen weiter. Kostenpflichtig. Für Android und iPhone.

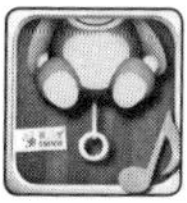

Baby Spieluhr Set

Sehr praktisch, wenn man die Spieluhr vergessen oder gar keine hat. Die App enthält zwölf klassische Spieluhrmelodien (»Weißt Du, wie viel Sternlein stehn«, »Bruder Jakob« und viele mehr), die ersten drei sind gratis (und reichen in der Regel aus), die anderen können dazugekauft werden. Die Spieldauer ist individuell auf wenige Minuten oder Endlos-Schleife einstellbar. Nachteil: Die App funktioniert nicht, wenn das Gerät auf lautlos gestellt ist – Anrufe können das Baby wieder aufwecken. Fürs iPhone.

Relax Melodies und White Noise Lite

Der Staubsauger oder Föhn stoppt auch bei Ihnen das Babygeschrei? Eine Alternative bieten die kostenfreien Apps Relax Melodies (unser Favorit) und White Noise Lite, die schöne sonore Hintergrundgeräusche liefern wie zum Beispiel Meereswellen, Ventilator-Rauschen, Grillenzirpen, Wiegenliedsummen oder Regengeplätscher. Relax Melodies bietet über 40 verschiedene Sounds, die sich untereinander auch kombinieren lassen. White Noise Lite hat in der Gratis-Version nur zehn verschiedene Geräusche, dafür aber zwei, die klingen, als würde man im Zug oder Flugzeug sitzen. Kostenlos. Für Android und iPhone.

iTalk Recorder

Babys erste Töne und Wörter nimmt diese Diktiergerät-App wunderbar auf. Super einfach zu bedienen. iPhone Besitzer kommen stattdessen aber auch gut mit der vorinstallierten Funktion »Sprachmemos« aufs gleiche Ergebnis, dies auch noch frei von Werbung. Kostenlos. Fürs iPhone.

BabyPlaces

Gratis-App zum Auffinden »kinderfreundlicher Orte« in der Umgebung, wie zum Beispiel Spielplätze, Still- und Wickelmöglichkeiten, kinderfreundliche Cafés/Restaurants oder Kinderärzte. Eltern können selbst neue Orte eintragen. Das ist mit geringem Aufwand möglich, über 20 000 Orte sind bereits aufgenommen. Die App ist noch ausbaufähig, trotzdem aber praktisch, vor allem für unterwegs! Kostenlos. Für Android und iPhone.

Shopping List Free

Mit dieser App hat man den Einkaufszettel immer dabei. Die Einträge sind in Produktkategorien unterteilbar, Mengenangaben sind leicht einzugeben und die gekauften Artikel lassen sich per Fingertipp abhaken und löschen. Kostenlos. Mit der kostenpflichtigen Version kann die Liste zum Beispiel auch per E-Mail versendet oder auf mehreren Geräten synchronisiert werden. Für iPhone und iPad.

AroundMe

»Ich muss mal / will was zu essen / hab mir den Finger in der Autotür eingeklemmt…« – nicht verzweifeln, diese Gratis-App findet Ihren aktuellen Standort und zeigt Restaurants, Cafés, Kaufhäuser, Kliniken, Banken etc. in Ihrer Nähe an. Die Infos könnten stellenweise noch profunder recherchiert sein (Bei unserer Suche wurde das Universitätsklinikum nebenan nicht aufgelistet und zwei der vermeintlichen Gaststätten sind in Wirklichkeit Kindergärten.), insgesamt aber eine gute Idee. Kostenlos. Für Android und iPhone.

Clixxie

Mit Clixxie lassen sich schnell und leicht kleine Fotobücher erstellen. Eine App ohne Schnickschnack, also keine Layout-Optionen und nur zwei Formate. Dafür sind die Preise attraktiv, und das Buch wird in wenigen Tagen geliefert, auf Wunsch auch direkt an die Adresse von Großeltern zum Beispiel. Die App ist gratis, die Fotobücher kosten inklusive Lieferung ab ca. 10 Euro. Für iPhone und iPad.

WhatsApp Messenger

Nach einer einmaligen Installationsgebühr können alle, die diesen Dienst nutzen, untereinander kostenlos SMS, Fotos und kurze Filmchen versenden. Auch aus dem Ausland (sofern man WLAN hat) oder ins Ausland. Nachteil: Kritik an der Datensicherheit. Für Android und iPhone.

Barcoo

Mit Barcoo kann man den Strichcode von Lebensmitteln scannen und erhält Informationen zu Preis, Bewertungen anderer Nutzer, Ökoinformationen oder der Lebensmittel-Ampel. Die App soll den Verbraucher somit optimal und unabhängig informieren. Allerdings sind noch nicht für jedes Produkt alle aufgezählten Informationen verfügbar – informativ ist es allemal. Kostenlos. Für Android, iPhone und iPad.

Idealo

Da auch diese App mit einem Barcodescanner ausgestattet ist, ermöglicht sie Preisvergleiche sämtlicher Produkte. Kostenlos. Für Android, iPhone und iPad.

eBay App

Wer Ebay eh schon nutzt oder wem es bisher am Computer zu umständlich war, für den werden mit dieser Gratis-App Kaufen und Verkaufen richtig einfach. Die erforderlichen Schritte sind leicht verständlich erklärt, Fotos lädt man direkt aus dem Telefon hoch, Angebote lassen sich auch nachträglich noch bearbeiten und so weiter. Und so können nun Maxi Cosi, Hochstuhl, Babykleidung oder Kinderschuhe auch von unterwegs aus ersteigert oder angeboten werden. Kostenlos. Für Android und iPhone.

eBay Kleinanzeigen

Mit der App hat man Zugriff auf Kleinanzeigen verschiedenster Kategorien von »Familie, Kind und Baby« bis zu »Auto, Rad und Boot«. Die Suche kann unter anderem nach Entfernung und Preis eingegrenzt werden. Das Inserieren eigener Anzeigen ist mit Hilfe der App leicht und kostenlos. Kostenlos. Für Android und iPhone.

Audible Hörbuch

Für alle, die unterwegs oder abends beim Einschlafen neben dem Kind gerne Hörbücher hören. Man muss sich zunächst auf www.audible.de anmelden und Hörbücher herunterladen. Mit der App kann man dann auf die eigene Audible-Hörbuchbibliothek zugreifen. Kostenlos. Für Android und iPhone.

Schwanger mit mommy to be

Für jede Schwangerschaftswoche findet man Infos, Wissenswertes und Tipps. Nachdem man die Daten der letzten Periode eingegeben hat, wird der Geburtstermin errechnet und man wird aktuell mit relevanten Infos versorgt. Trotz des englischen Namens ist diese App auf Deutsch. Kostenpflichtig. Für iPhone und iPad.

Simply Being – Guided Meditation

Wer zwischendurch abschalten will, dem kann diese Meditations-App eine Hilfe sein. Praktisch, dass man zwischen unterschiedlichen Meditationslängen (5, 10, 15 oder 20 Minuten) wählen kann. Bisher nur auf Englisch verfügbar. Kostenpflichtig. Für Android, iPhone, iPad.

Cartolina

Nostalgische »Karten-Vorlagen«, in die man seinen Text tippen und dann als SMS, E-Mail oder Facebook-Post verschicken kann. Mit der Baby-Ankündigungs-Vorlage wird die obligatorische Geburts-SMS aus dem Krankenhaus aufgepeppt – und man verschafft sich Zeit bis zur richtigen Geburtsanzeige. Nachteil: Der Versand per SMS funktioniert nur von iPhone zu iPhone. Kostenpflichtig, aber günstiger als eine einzelne Papier-Grußkarte. Fürs iPhone.

Naturino Fußmesser

Bei dieser Gratis-App fürs iPad wird der Kinderfuß auf den Bildschirm gestellt und mit einem Schieber die Schuhgröße ermittelt. Kritisiert wird, dass das Kind sich laut Gebrauchsanleitung nicht mit vollem Gewicht aufs iPad stellen soll, die tatsächliche Fußlänge aber nur bei voller Belastung korrekt ermittelbar sei. Wir haben den Fuß auf ein Blatt Papier gestellt, abgemalt und kamen dabei auf dasselbe Ergebnis. Problematisch ist, dass das Kind mit dem Fuß auf dem Bildschirm spielen will und das eine Messung schwierig macht. Eventuell ja aber trotzdem praktisch – zum Beispiel wenn man am schlafenden Kind misst und das iPad an den Fuß hält. Kostenlos. Fürs iPad.

SCHAU HIN!

150 Spielideen für drei Altersgruppen (3–5, 6–9 und 10–13 Jahre) für drinnen und draußen, die mit einfachen Mitteln umgesetzt werden können und damit eine Alternative zu Computer und Co. sind. Außerdem gibt es TV-Tipps. Der integrierte Spielplatzfinder ist ausbaufähig, aber praktisch, wenn man gerade unterwegs ist und einen Spielplatz sucht. Herausgegeben vom Familienministerium. Kostenlos. Für Android und iPhone.

Post mobil

Endlich den Antrag fürs Kindergeld ausgefüllt und keine Briefmarke zur Hand? Über den Button »Shop«

kann man Briefmarken bestellen, die dann (zuzüglich einer Verpackungsgebühr) zugesendet werden. Noch schneller: Das Feature »Handyporto« schickt per SMS einen Zahlencode, den man statt Marke auf Brief oder Postkarte schreibt, abgebucht wird's über die Telefonrechnung. Nachteil: Das Handy-Porto kostet für einen Brief 98 Cent und für eine Postkarte 85 Cent. Für Android, iPhone und weitere Plattformen.

Wer sich die Extrakosten sparen möchte, kauft Internetmarken online über www.efiliale.de und druckt sie sich zu Hause selber aus.

WeWantApps!

Dies ist eine App, die Kinder-Apps für das iPhone und iPad findet. Über detaillierte Suchkriterien wie Alter, Sprache des Spiels, Spielkategorie (Bücher, Lernspiele etc.) lassen sich die besten Kinder-Apps schnell und einfach finden. Jede App, die WeWantApps listet, wurde von einem Mitarbeiterteam auf ihren kinderfreundlichen Inhalt und die Einhaltung gewisser Faktoren wie Benutzerfreundlichkeit, Alter und Engagement des Kindes oder Design und Spaßfaktor getestet. Kostenlos. Für iPhone und iPad.

Apps für Kinder

Sound Touch

Unterteilt in sechs verschiedene Kategorien (Haustiere, Fahrzeuge, Musikinstrumente und so weiter) wird eine Vielzahl von Begriffen als Zeichnung dargestellt. Tippt man darauf, erscheint auf dem ganzen Bildschirm ein Foto des Tieres oder Gegenstands mit dem dafür typischen Geräusch. Abwechslungsreich: Pro Begriff sind dabei bis zu fünf verschiedene Fotos hinterlegt. Die Gratis-Lite-Version bietet 180 Begriffe. Nachteil: Sie ist mit Werbung und vielen Buttons versehen, die zur Kaufversion führen. Die kostenpflichtige Variante »Sound Touch« beinhaltet 360 Begriffe und ist werbefrei. Für Android und iPhone.

Vocal Zoo – Animal Flash Cards

Nicht nur die heitere Intro-Musik begeistert Kleinkinder: Die App zeigt verschiedene Tierfotos, die beim Antippen die echten Tierstimmen wiedergeben. Vorteil gegenüber Sound Touch: Belegt deutlich weniger Speicherplatz. 27 Bilder enthält die Gratis-Version, die kostenpflichtige Variante bietet 70 Tiere. Für iPhone und iPad.

Die Laute der Tiere HD: Die Muh Box

Eine App, bei der Kinder Fotos von Tieren antippen, um deren Stimmen zu hören. In der Gratis-Variante mit über 40 Tieren, gegen Aufpreis gibt es noch mehr dazu. Für Android, iPhone und iPad.

Eensy Harp

Bei dieser App sitzt die kleine Spinne Eensy Weensy in ihrem Netz, und auf ihren Spinnenfäden kann wie auf einer Harfe gespielt werden. Sehr nette, schlichte Gratis-App, die schon von ganz kleinen Kindern verstanden wird. Fürs iPad.

Koi Pond HD Lite

Ein Teich von oben, langsam schwimmen Koi-Fische heran, dazu ein sanfter Hintergrundsound. Berührt man den Bildschirm, bewegt sich die Teichoberfläche – das Wasser plätschert und die Fische flüchten ... Meditation für die Eltern, Spaß für die Kinder. Kostenlos. Fürs iPad.

Kids Doodle

Mal-App, bei der Kinder auf schwarzem Hintergrund mit dem Finger neonfarben leuchtende Linien verschiedenster Art ziehen können. Die Kunstwerke kann man speichern. Kostenlos. Für Android, iPhone und iPad.

Ham Ham!

Kinder füttern Tiere. Sie legen per Fingertipp Eicheln für Eichhörnchen hin, öffnen Samen für Raupen und vieles mehr. Grafisch aufwendig umgesetzt. Laut Beschreibung ab vier Jahren, aber auch schon kleinere Kinder verstehen das Spiel sehr schnell. Kostenpflichtig. Fürs iPad.

Schlaf gut!

Eine sehr liebevoll illustrierte App, die Kinder auf das Schlafengehen einstimmt. Verschiedene Tiere eines

Bauernhofs müssen ins Bett gebracht werden, indem man bei ihnen das Licht löscht. Im Winter wird auf Schneeoptik umgestellt, und für den Hintergrundsprecher können verschiedene Sprachen gewählt werden. Kostenpflichtig. Für iPhone und iPad.

Kleiner Fuchs – Kinderlieder
Ein Liederbuch, das durch seine schöne Optik und interaktiven Elemente besticht. Die App enthält nur drei Lieder, diese gibt es aber in deutscher und englischer Version. Kostenpflichtig. Für iPhone und iPad.

Baby Rattle Bab Bab Lite (Rassel)
Eine App für die Kleinsten. Durch Schütteln des Telefons werden verschiedene Töne erzeugt und farbige Elemente bewegen sich durchs Bild. Angeblich werden spezielle Frequenzen benutzt, die das Baby beruhigen sollen, eine kurze Ablenkung ist es aber allemal. Kostenlos. Für Android, iPhone und iPad.

Wimmel Jungle
Handgezeichnete Grafik, basierend auf dem Konzept der bekannten Wimmelbilder. Kinder müssen während ihrer Safari verschiedene Tiere entdecken. Da nicht das ganze Bild auf dem Bildschirm sichtbar ist und man sich so durch Scrollen fortbewegen muss, macht das Ganze umso spannender. Diese App ist eine sehr schöne Beschäftigung für Kinder von 4 bis 6 Jahren. Kostenlos. Für Android, iPhone und iPad.

Grimms Rapunzel

Die Geschichte von Rapunzel als sehr aufwendig gestaltetes 3-D-Vorlesebuch. Alternativ kann man sich das Buch auch vorlesen lassen (hier wurden professionelle Sprecher verpflichtet). Die interaktiven Elemente können bewegt werden und machen Geräusche. Mit dieser App kann man viel Zeit verbringen. Kostenpflichtig. Für Android, iPhone und iPad.

Toddler Lock

Eine Telefonsperre für kleine Kinder. Das Display zeigt bunte Formen, man kann auf dem Touchscreen wie auf einer Zaubertafel malen. Perfekt, wenn die Kleinen das Telefon unbedingt haben wollen, aber man unbeabsichtigte Anrufe und weitere »Störeingriffe« verhindern möchte. Zum Entsperren nacheinander alle vier Ecken berühren. Anleitung auf Englisch. Kostenlos. Für Android.

Apps im Internet

www.kinderappgarten.de Webseite, die laufend Apps für Kinder und Eltern testet und vorstellt.

www.familie.de/kinder-apps Die Redaktion von familie.de hat auf dieser Webseite kindgerechte Apps zusammengestellt und erklärt, wie sie funktionieren, ab welchem Alter sie geeignet sind und in welchen Sprachen die Apps spielbar sind.

www.kinderapps.info Auch hier werden Apps für Kinder vorgestellt. Praktisch ist die Suchfunktion, mit der Apps nach Kriterien wie dem Alter des Kindes oder dem Betriebssystem des Smartphones sortiert werden.

www.carlsen.de Der Carlsen Verlag bietet auf seiner Webseite interaktive Bücher als Apps an, darunter viele der beliebten Pixi-Titel.

Noch mehr Informationen

Zeitschriften

Eltern Das bekannte Heft für Eltern erscheint monatlich. Zusätzlich werden regelmäßig zu Sonderthemen Special-Hefte (zum Beispiel »Schwangerschaft«, »Geburt«, »Mein Baby«, »Einkaufen fürs Baby«) und Ratgeber-Hefte (»Arzt und Schwangerschaft«, »Das gesunde Kind«, »Klinikführer Geburt« und »Reisen mit Kindern«) herausgebracht.

Eltern Family Begleitet Familien vom Kindergarteneinstieg bis zur Pubertät. Erscheint monatlich.

Nido Ein monatliches Lifestylemagazin »für moderne, urbane Eltern« mit Artikeln zu Politik, Reisen, Mode und Psychologie.

Brigitte MOM »Die Zeitschrift mit starken Nerven für Mütter und Frauen, die es werden wollen«, humorvolle Artikel, praktische Tipps. Erscheint zweimal jährlich.

LOB Eine Zeitschrift speziell für berufstätige Mütter und Väter. Erscheint viermal im Jahr.

Leben & erziehen Für Paare, die ein Baby erwarten, oder Familien mit kleinen Kindern. Erscheint monatlich.

Baby & Co Eine monatlich erscheinende Zeitschrift für werdende Eltern oder junge Familien mit Baby oder Kleinkind.

Ökotest Veröffentlicht Spezialhefte wie das »Jahrbuch Kleinkinder«, »Spezial MeinBaby«, »Spezial Erziehung«, »Ratgeber Kleinkinder« oder »Spezial Schwangerschaft und Geburt«. Zu bestellen über www.oekotest.de (➤ Shop+Abo ➤ Rubriken Kinder).

Testberichte

www.oekotest.de

www.test.de

www.testberichte.de

www.adac.de Diese Seiten bieten laufend Testberichte rund um Kinderprodukte – von Babypflege über Schnuller, Gläschenkost und Gummistiefel bis zu Schwimmflügeln und Autositzen.

www.cleankids.de Thema sind hier die Schadstoffe und Umwelteinflüsse, denen Kinder ausgesetzt sind. Informiert wird über Aktuelles, Testergebnisse, Gesundheitsthemen, Produktrückrufe und vieles mehr, dazu viele Download-Angebote.

Schwangerschaft

Bücher

Die Hebammensprechstunde. Ingeborg Stadelmann, Stadelmann, 2005. Geschrieben von einer Hebamme führt der Bestseller als absolut profunder Rat- und Informationsgeber durch

Schwangerschaft, Geburt, Wochenbett und Stillzeit. Immer auch unter Beachtung von Homöopathie, Kräuterheilkunde und Aromatherapie. Auch als DVD unter gleichem Titel erhältlich.

Mein Schwangerschaftskalender. Ars Edition, 2010. Optisch sehr hübsch aufgemacht, bietet dieser Kalender nach Wochen aufgeteilt viele Informationen, aber auch die Möglichkeit, Notizen zu machen und Dinge einzukleben.

Schwangerschaft und Geburt. Heidi Murkoff, Sharon Mazel, mvg, 2012. In Amerika ist dieses Buch schon lange ein Bestseller, für den deutschen Markt wurde es aktualisiert und angepasst.

Ein Kind entsteht. Lennart Nilsson, Lars Hamberger, Mosaik, 2009. Ein sehr interessantes Buch mit Bildern des preisgekrönten Fotografen Nilsson, von den ersten Anfängen der Entwicklung eines Babys bis zur Geburt.

Sonderhefte

***Eltern* Special Geburt, 2012** G+J Verlagsgruppe, zu bestellen unter www.eltern.de (➛Shop ➛ Einzel- und Sonderhefte).

***Eltern* Special Schwangerschaft, 2012** G+J Verlagsgruppe, zu bestellen unter www.eltern.de (➛Shop ➛ Einzel- und Sonderhefte).

***Eltern* Special Einkaufen fürs Baby 2011/2012** 2012, G+J Verlagsgruppe, zu bestellen unter www.eltern.de (➛Shop ➛ Einzel- und Sonderhefte).

Internet

www.embryotox.de Verträglichkeit der wichtigsten Medikamente während Schwangerschaft und Stillzeit, auch mit dem Angebot individueller Beratung

www.eltern.de Seite des Magazins *Eltern* – empfehlenswert, da es sehr aktuelle und umfangreiche Beiträge zu den Themen Schwangerschaft, Baby, Finanzen, Urlaub und vielem mehr gibt.

www.babycenter.de Redaktionell unabhängige Website mit Infos unter anderem zu Kinderwunsch, Schwangerschaft und Baby

www.familienplanung.de Eine Webseite der Bundeszentrale für gesundheitliche Aufklärung mit Beiträgen zum Thema Schwangerschaft

www.baby-und-familie.de Informationsseite des Gesundheitsmagazins der Apotheken mit vielen Infos zum Thema Schwangerschaft, Gesundheit, Ernährung und vielem mehr

Internetforen

www.gofeminin.de Forum rund um das Thema Schwangerschaft

www.urbia.de bezeichnet sich selbst als »die größte deutsche Website rund um das Thema Familie« – großes aktives Forum.

www.eltern.de Auch auf dieser Seite gibt es ein sehr aktives Forum, unter anderem zum Thema Schwangerschaft und Geburt.

Kostenlose Broschüren

Rundum – Schwangerschaft und Geburt Broschüre der Bundeszentrale für gesundheitliche Aufklärung mit vielen praktischen Tipps und Informationen zu medizinischen und psychosozialen Fragen, zur Entwicklung des Babys und zu Partnerschaftsthemen. Versandbestellung oder Download unter www.bzga.de (➛ Infomaterialien ➛ Familienplanung).

***Eltern* Ratgeber »Arzt & Schwangerschaft«** Die wichtigsten Infos zu den 40 Schwangerschaftswochen, verständlich erklärt und medizinisch fundiert durch Beiträge von Frauenärzten. Das Magazin erscheint dreimal jährlich und liegt bei Frauenärzten aus. Auch als Download unter www.eltern.de. Tipp: Der Download ist auf der *Eltern*-Webseite nicht ganz leicht zu finden, am besten bei Google »Eltern Ratgeber Arzt und Schwangerschaft« eingegeben.

Informationsmaterial nach einem auffälligen Befund in der Pränataldiagnostik

Pränataldiagnostik – Beratung, Methoden und Hilfen Alle drei Broschüren herausgegeben von der Bundeszentrale für gesundheitliche Aufklärung als Download unter www.bzga.de (➛ Infomaterialien).

Kinderentwicklung, Erziehung und Familie

Bücher

Babyjahre – Entwicklung und Erziehung in den ersten vier Jahren. Remo Largo, Piper, 2010. Der unübertroffene Klassiker des Schweizer Professors und Kinderarztes. Die frühkindliche Entwicklung wird je nach Alter und Themenbereich (Beziehungs-, Spiel-, Schlafverhalten, Sprachentwicklung und so weiter) erklärt. Dabei stehen keine starren Ideale im Mittelpunkt, sondern das Kind in seinem individuellen Verhalten.

Oje, ich wachse! Hetty Van de Rijt, Frans X. Plooij, Mosaik, 2005. Die Autoren, beide Psychologen, gehen davon aus, dass ein Baby in den ersten 14 Monaten acht große Entwicklungssprünge macht. Sie erklären, wie und wann sie sich zeigen und wie Eltern ihr Baby in diesen herausfordernden Zeiten unterstützen können.

Das Kinderbuch – Wie kleine Menschen groß werden. Anna Wahlgren, Beltz, 2010. Schwedens bekannteste Kinderexpertin und Mutter von neun Kindern gibt in ihrem 800-Seiten-Bestseller Informationen und Ratschläge zu Schwangerschaft, Geburt, Kinderentwicklung und Erziehung. Ihr Schwerpunkt ist es, Eltern zu ermutigen, mehr der eigenen Vernunft und Intuition zu trauen und weniger gesellschaftlichen Vorgaben.

Kinder verstehen. Born to be wild: Wie die Evolution unsere Kinder prägt. Herbert Renz-Polster, Kösel, 2009. Das Buch betrachtet die kindliche Entwicklung aus evolutionsbiologischer

Sicht. Das hilft Eltern, den Sinn hinter dem kindlichen Verhalten zu verstehen und somit das Kind gelassener begleiten zu können.

Babys erstes Jahr: Monat für Monat das Beste für Ihr Kind. Vivian Weigert, Dr. Franz Paky, GU, 2011. Ein kompakter und informativer Ratgeber für das erste Jahr, übersichtlich gegliedert in Themenbereiche wie motorische Entwicklung, Stillen und Ernährung, Schlaf, Pflege und Gesundheit.

Die ersten drei Jahre meines Kindes – Das umfassende Standardwerk zu Entwicklung, Gesundheit und Erziehung. Birgit Gebauer-Sesterhenn, Anne Pulkkinen, Dr. Katrin Edelmann, 2011. Anschauliche Erklärung zu allen Entwicklungsschritten bis zum dritten Geburtstag – von Schnuller bis Schlafverhalten, vom Begleiten des Kindes in der Trotzphase bis zur spielerischen Förderung und Vorbereitung auf den Kindergarten.

Auf der Suche nach dem verlorenen Glück – Gegen die Zerstörung unserer Glücksfähigkeit in der frühen Kindheit. Jean Liedloff, beck'sche Reihe, 2009. Ein interessanter, wenn auch leicht verklärter Bericht über die besondere Art, wie ein Indianerstamm in Venezuela seine Kinder aufwachsen lässt und dadurch den Grundstein für ein glückliches und harmonisches Zusammenleben legt.

In Liebe wachsen: Liebevolle Erziehung für glückliche Familien. Dr. Carlos Gonzales, La Leche Liga, 2011. Der Autor ist Kinderarzt und betont, wie wichtig die emotionalen Bedürfnisse von Kindern sind und warum Erziehungsmethoden wie Schlaftraining, »Auszeiten« oder Frühforderung kontraproduktiv bis schädlich sein können.

Elterncoaching – Gelassen erziehen. Jesper Juul, Beltz, 2012. Nur eines von vielen Büchern des dänischen Familientherapeuten und Bestsellerautors (Standardwerk: *Dein kompetentes Kind*). Auch hier bestärkt er Eltern darin, nicht perfekt sein zu müssen, sondern eher gelassen und respektvoll. Er betont, dass auch eine gute Elternbeziehung entscheidend zur Erziehung beiträgt.

Was geht da drinnen vor? Die Gehirnentwicklung in den ersten fünf Lebensjahren. Lise Eliot, Berlin Verlag, 2010. Keine leichte Lektüre, aber ein grundlegender Überblick über den aktuellen Wissensstand zur Gehirnentwicklung. Unter anderem dazu, ob sie gefördert werden kann, wie sie sich bei Jungen und Mädchen unterscheidet und ob Ernährung, Stress und andere soziale Faktoren Auswirkungen darauf haben.

Leitfaden für faule Eltern. Tom Hodgkinson, rororo, 2011. Der englische Autor plädiert dafür, bei der Kindererziehung Leistungsdenken, Kommerz, teure Freizeitaktivitäten und Dauerbeschäftigung beiseitezuschieben und stattdessen mit einem gewissen Müßiggang zurückzugelangen zu Kreativität, Selbstständigkeit und Selbstvertrauen der Kinder.

Körpersprache der Kinder. Samy Molcho, Ariston, 2012. Der Körpersprache-Experte Samy Molcho hilft, die Körpersprache der Kinder richtig zu deuten und damit angemessen auf ihre Bedürfnisse zu reagieren. Mit DVD zur besseren Veranschaulichung.

babySignal – Mit den Händen sprechen: Spielerisch kommunizieren mit den Kleinsten. Wiebke Gericke, Kösel, 2009. Mal was anderes – mit Babys mittels Zeichensprache kommunizieren, bevor sie sprechen können.

E-Books

Babyentwicklung – Der *Eltern*-Guide. *Eltern*-Redaktion, 2012. Ein E-Book der Zeitschrift *Eltern* rund um die Meilensteine der kindlichen Entwicklung, mit Elternberichten, Forschungsergebnissen und einem Blick auf andere Kulturen und Traditionen (erhältlich über Amazon, im Suchfeld den Begriff »Elternguide« eingeben).

Die großen Erzieher – Der *Eltern*-Guide. Verena Carl, Nora Imlau, *Eltern*-Redaktion, 2012. Ein E-Book der Zeitschrift *Eltern*, das sechs Persönlichkeiten vorstellt, die die Vorstellung von Erziehung geprägt haben, von Rousseau bis Jesper Juul (erhältlich über Amazon, im Suchfeld den Begriff »Elternguide« eingeben).

Internet

www.familylab.de »Die Familienwerkstatt« wird vom dänischen Familientherapeuten Jesper Juul geleitet und ist mittlerweile in mehreren Ländern mit speziell dafür ausgebildeten Kursleitern aktiv. Eltern soll hier mit Vorträgen, Seminaren, Internetberatung und Büchern eine solide Basis für ihre Eltern- und Partnerrolle gegeben werden. Credo: Raus aus dem traditionellen Erziehungsverhalten und stattdessen gemeinsam experimentieren, um eine individuelle Familienlösung zu finden.

www.kindergesundheit-info.de Eine Seite der Bundeszentrale für gesundheitliche Aufklärung mit vielen Informationen rund um die gesunde Entwicklung von Kindern und den Familienalltag.

www.familien-wegweiser.de Umfangreiches Serviceangebot des Bundesministeriums für Familie, Senioren, Frauen und Jugend rund um die wichtigsten staatlichen Leistungen, rechtlichen Regelungen und Serviceangebote.

www.theratalk.de Paartherapie, Paarberatung bzw. Eheberatung – wissenschaftliches Projekt am Institut für Psychologie der Georg-August-Universität Göttingen. Die Therapie findet nicht bei einem Therapeuten statt, sondern erfolgt schriftlich in sogenannten »zeitversetzten Chats«.

www.elternstart.de Bietet Kurse an, die jungen Eltern hilft, den Übergang zum Elternpaar mit möglichst wenig Konflikten hinzubekommen. Entwickelt von den Unis Ludwigsburg und Köln.

www.profamilia.de Beratungen zu Partnerschaft, Trennung und Scheidung, Kindererziehung, Finanzen und vielen weiteren Themen.

www.nummergegenkummer.de Anonyme und kostenlose telefonische Beratung für Eltern bei allen Sorgen, Fragen und Unsicherheiten im Umgang mit Kindern. Telefon: 0800/1110550.

www.dajeb.de Internetseite der Deutschen Arbeitsgemeinschaft für Jugend- und Eheberatung (DAJEB). Bietet einen Online-Beratungsführer an, in dem man über die Postleitzahl oder einen Themenschwerpunkt eine Beratungsstelle suchen kann.

www.muetterberatung.ch Schweizerische Mütter- und Väterberatung, die flächendeckend in der Schweiz meist kostenlos in Anspruch genommen werden kann.

Kostenlose Broschüren

Eltern sein – Die erste Zeit zu dritt Broschüre der Bundeszentrale für gesundheitliche Aufklärung mit Infos und Denkanstößen, die kein klassischer Ratgeber ist, sondern ermutigt, als Eltern und Paar nach der Geburt des ersten Kindes einen eigenen Weg im Baby-Alltag zu finden und sich dabei nicht von klassischen Rollenerwartungen vereinnahmen zu lassen. Bestellung oder PDF-Download unter www.bzga.de (➛ Infomaterialien ➛ Familienplanung).

***Eltern* Ratgeber Das gesunde Kind** Ein Ratgeber-Magazin der Zeitschrift *Eltern*, das dreimal jährlich erscheint. Mit praktischen Informationen rund um Gesundheit, Freizeit und Familienleben plus einem Überblick über die Vorsorgeuntersuchungen U1 bis U10. Kostenlos bei Kinderärzten/Kinderkliniken oder als Download auf www.eltern.de. Tipp: Der Download ist auf der *Eltern*-Webseite nicht ganz leicht zu finden, am besten bei Google »Eltern Ratgeber Das gesunde Kind« eingeben.

KURZ.KNAPP Faltblätter der Bundeszentrale für gesundheitliche Aufklärung (BZgA) zu den Themen »Die kindliche Entwicklung«, »Das erste Wort«, »Sprechen lernen« und »Mehrsprachig aufwachsen«. Bestellung oder Download unter www.bzga.de (➛ Infomaterialien ➛ Kinder- und Jugendgesundheit).

Kinder- und Jugendhilfe Broschüre des Familienministeriums mit vielen Informationen zu Förderungsangeboten und individuellen Erziehungshilfen wie zum Beispiel staatlichen Beratungsangeboten, Betreuung des Kindes in Notsituationen oder der Erläuterung von Rechtsansprüchen. Bezug über den Publikationsversand der Bundesregierung, Telefon: 01805/778090, E-Mail: publikationen@bundesregierung.de oder über www.bmfsfj.de (➛ Service ➛ Publikationen ➛ Suchwort »Kinder- und Jugendhilfe«), dort auch als Download.

Väter

Im Vergleich zu früher nehmen Väter heute viel direkter und offener an der Schwangerschaft ihrer Frau teil. Sie wohnen den Ultraschalluntersuchungen bei und besuchen Geburtsvorbereitungskurse. Die meisten Männer erleben die Geburt ihres Kindes im Kreißsaal und nutzen die Möglichkeit, die ersten Tage als junge Familie im Krankenhaus zu verbringen. (Viele Kliniken bieten sogar Familienzimmer – unbedingt rechtzeitig anfragen!) Windeln wechseln, Tragen und Füttern sind heutzutage für den Mann von Anfang an selbstverständlich. Deshalb gilt der Großteil der Informationen in diesem Buch für Väter genauso wie für Mütter. Da es aber doch an der einen oder anderen Stelle kleine Unterschiede gibt, möchten wir an dieser Stelle auf speziell auf Väter zugeschnittene Literatur und Infomaterial hinweisen:

Bücher

Papa to go: Schnellkurs für werdende Väter. Christian Busemann, Goldmann, 2010.

Mensch Papa! Vater werden – das letzte Abenteuer. Ein Mann erzählt. Kester Schlenz, Mosaik, 2002.

Das Baby: Inbetriebnahme, Wartung und Instandhaltung. Paul Kepple, Jude Buffum, Louis Borgenicht, Joe Borgenicht, Sanssouci, 2004.

So geht das! Papa: Das ultimative Anleitungsbuch. Shawn Bean, Edel, 2011.

Vater werden: Was künftige Papas wissen müssen. Helmut W. Mallmann, Urania, 2012.

Mann und Vater sein. Jesper Juul, Kreuz, 2011.

Internet

www.vaeter-zeit.de Ein sehr informatives Portal für werdende Väter und die, die es bereits sind. Auch Informationen für alleinerziehende Väter.

www.vaternetz.de Eine Webseite für (werdende) Väter

www.vaterfreuden.de »Der Treffpunkt für Väter«

www.familien-wegweiser.de Auf der Webseite des Familienministeriums gibt es unter dem Stichwort »Vater werden« einige Tipps.

www.familienplanung.de Auch die Bundeszentrale für gesundheitliche Aufklärung hat Information für Väter (➛ Schwangerschaft ➛ Vater werden).

www.papaonline.de Private Gedanken, Infos und Erfahrungen eines Vaters

Kostenlose Broschüren

Ich bin dabei! Vater werden Broschüre der Bundeszentrale für gesundheitliche Aufklärung mit vielen praktischen Tipps und den wichtigsten Informationen und Antworten auf »Männerfragen« zu Schwangerschaft, Geburt und der ersten Zeit mit dem Baby. Als Download erhältlich oder zu bestellen unter www.bzga.de (➛ Infomaterialien ➛ Familienplanung).

Beifahrer – kleiner Tourenplaner für werdende Väter 15-Seiten-Broschüre der Bundeszentrale für gesundheitliche Aufklärung mit Tipps, wie sich werdende Väter auf die Geburt vorbereiten können. Als Download unter www.bzga.de (➛ Infomaterialien ➛ Familienplanung) erhältlich.

Nützliche und besondere Onlineshops

Kinderkleidung

www.mawaju.de

www.daenische-kinder-mode.de

www.kater-schorsch.com

www.prinzenundpiraten.de (nur für Jungen)

www.kleinwild.de

www.hellblaurosa.de

www.ichbinklein.de

Strickende Omas / Kleidung aus Strick

www.myoma.de

www.granniesinc.co.uk

www.strickliebling.de

Kleidung für Frühchen

www.kaenguru-mode.de

www.prematuurl.nl

Kleidung, Wohnen, Spielzeug, Kinderbedarf, Accessoires

www.pinmilk.de

www.swestars.de

www.engelundbengel.com

www.rasselfisch.de

www.brio.de

www.nostalgiespiel.de

www.design3000.de

www.kidz-biz.de

www.baby-and–friends.com

www.tim-und-lucy.de

www.roseandblue.de

www.zuckerwiese.de

www.zippilotta.de

www.daskleinezebra.com

www.steybe.de

www.shop.parendise.de

www.4little.de

www.o-baby.de

www.das-tropenhaus.de

www.maedla.de

www.wunderschoene-dinge.de

www.kinderraeume.com

www.my-fantasyroom.de

www.geebarry.de

Spielzeug

www.daliono.de (Hand- und Fingerpuppen)

www.holzfarm.de

www.meinlilalu.de (vor allem Schaukelpferde)

www.loopoo.de

Besonderes aus kleinen Manufakturen

www.haseweiss.de

www.holdrio-berlin.de

www.ostwald-berlin.de

www.dawanda.de

www.stoff-and-co.de (auch viele Kinder-Stoffe im Sortiment)

Register

400 Seiten
ISBN 978-3-442-17350-1